ETF

FÜR

EINSTEIGER

Intelligent investieren an der Börse

Wie Sie die Krisenzeiten jetzt zu Ihrem eigenen Vorteil nutzen und mit den Strategien der Profi-Investoren maximale Rendite erzielen

INHALT

Ein paar Worte vorab 1

Haftungsausschluss 3

Begriffserklärungen 5

Warum sich langfristiges Investieren lohnt 10

Der Mythos Börse 10

Die Börse als Umschlagplatz für Zocker? 10

Allein schaffe ich das nicht 11

Ohne Moos nichts los? 11

Fazit 12

Niedrigzinsen 13

Rechenbeispiel 13

Je früher, desto besser 16

Früh übt sich 16

Das Schachbrett und die Reiskörner. Der Zinseszinseffekt 17

Rechenbeispiel: 17

Die Rente ist sicher? 19

Was wir in diesem Kapitel gelernt haben: 24

Der Handel mit ETFs 26

Was sind ETFs? 26

Wie entstehen ETFs? 27

Physische Abbildung 27

Synthetische ETFs 28

Was wir in diesem Kapitel gelernt haben: 29

Chancen und Risiken beim Handel mit ETFs 30

Vorteilhafte Eigenschaften von ETFs 30

Passiv gemanagte Fonds 30
Täglich über die Börse gehandelt 33
Risiken 34
Besondere Varianten 36
Short ETFs 36
Gehebelte ETFs 37
Was wir in diesem Kapitel gelernt haben: 38
Ihr Start an der Börse 39
Startkapital 39
Anlagestrategie: Diversifikation 40
Wie Sie Schritt für Schritt in ETFs investieren 41
Schritt 1: Die Wahl des richtigen Brokers 41
Schritt 2: Sparplan 43
Schritt 3: Rebalancing 48
Was wir in diesem Kapitel gelernt haben: 52
Welche ETFs soll ich kaufen? 54
Thesaurierend oder ausschüttend? 54
Thesaurierend 54
Ausschüttend 56
Gesamtkostenquote: TER 56
Tracking-Differenz 57
Checkliste für die Auswahl der richtigen ETFs 58
Was wir in diesem Kapitel gelernt haben: 59
Investitionsmöglichkeiten für jeden Geldbeutel 60
All World (ACWI) 61
Industrie- und Schwellenländer 62
Industrie- und Schwellenländer mit starkem Europa-Anteil 65
4-ETF-Strategie 66

5-ETF-Strategie 67
Zusätzlich: Rohstoffe oder Gold 69
Erweiterungen der Strategien 5 + 6 70
Spezielle Länder 72
Zukunftsthemen 72
Nachhaltige ETFs 72
Spezialfälle 74
ARERO 74
All Weather Portfolio 75
Spezial- und Themen-ETFs 77
Methoden 78
Fundamentalanalyse 78
Wie funktioniert die Fundamentalanalyse? 78
Kritik 79
Weiteres Wissen aufbauen 80
Buchempfehlungen 82
Empfehlungen im Internet 83
Ausblick 85
Literaturverzeichnis 87

Ein paar Worte vorab

„Als ich klein war, glaubte ich, Geld sei das Wichtigste im Leben. Heute, da ich alt bin, weiß ich: Es stimmt".
(Oscar Wilde)

Viele Menschen haben, auch aufgrund der Finanzkrise in den Jahren 2008 und 2009, Berührungsängste mit dem Thema Börse. Zu unsicher sei der Handel mit Wertpapieren, Derivaten oder Optionen. Allein die Begriffe sind für Einsteiger*innen bereits oft verwirrend. Und natürlich sind diese Einwände nicht vollkommen unbegründet. Es gibt hochspekulative und dementsprechend risikobehaftete Produkte, die an der Börse gehandelt werden und bei manchen Akteuren auf dem Parkett ist eine gewisse Profitgier sicherlich nicht von der Hand zu weisen. Allerdings gibt es auf der anderen Seite auch Finanzprodukte, die relativ sicher sind und mit denen Sie langfristig zwar keine horrenden Gewinne einfahren, dafür aber ziemlich sicher, auf lange Sicht, Kapital gewinnen werden.

Eines dieser Finanzprodukte sind die sogenannten ETFs (kurz für *Exchange Traded Funds*). Sie gelten im Allgemeinen als sehr sicher und wenig risikoreich. Insbesondere für Neueinsteiger*innen sind sie daher besonders empfehlenswert. In den folgenden Kapiteln möchte ich Ihnen erklären, was ETFs genau sind, wie sie funktionieren und mit welchen Anlagestrategien Sie zum Erfolg kommen können. Neben theoretischem Hintergrundwissen ist es mir besonders wichtig, Ihnen praktische Tipps und Hinweise mit auf den Weg zu geben, um Ihnen die bestmöglichen Optionen für Ihr potenzielles Investment aufzuzeigen.

Zunächst werden wir einige Begriffe klären, damit im weiteren Verlauf des Buches keine Verständnisfragen aufgrund unklarer Begrifflichkeiten auftreten, auch wenn ich mich bemühen werde, nicht zu sehr in einen Fachjargon abzudriften. Anschließend werden wir uns ausführlich mit dem Thema ETFs befassen, werden die Vorteile sowie die Chancen dieser Anlagemethode erläutern, ohne allerdings die Risiken zu verschweigen. Schließlich werden wir in den Hauptteil, den praktischen Teil, dieses Buches übergehen. Dort werde ich Ihnen verschiedene Möglichkeiten vorstellen, die sich Ihnen beim Investieren in ETFs bieten. Seien Sie sich dessen bewusst, dass es auf dem Finanzmarkt keine einhundertprozentige Sicherheit gibt. Auch bei vergleichsweise sicheren Produkten besteht immer ein Restrisiko, dass sich leider nicht ausmerzen lässt. Dennoch erhöhen Sie mit der Lektüre dieses Buches Ihre Chance auf ein erfolgreiches Investment deutlich.

Daher sollten Sie nun an dieser Stelle mit der Lektüre beginnen. Benjamin Franklin, einer der Gründerväter der amerikanischen Verfassung, wusste bereits: *Zeit ist Geld*. In diesem Sinne sollten wir also direkt ins Geschehen einsteigen und keine weitere Zeit mehr durch große Vorrede verlieren. Ich wünsche Ihnen viel Spaß beim Lesen und viel Erfolg bei Ihren zukünftigen, hoffentlich erfolgreichen Investments!

Haftungsausschluss

Ich möchte gleich zu Beginn unmissverständlich aufzeigen, dass ich es zwar als meine Aufgabe sehe, Ihnen möglichst viele Hinweise, Tipps und Ratschläge mit auf den Weg zu geben, um die Wahrscheinlichkeit eines erfolgreichen Starts ins Börsengeschäft signifikant zu erhöhen, ich jedoch gleichzeitig keine Garantie für Ihr Gelingen aussprechen kann. Es kann bei Börsengeschäften keine einhundertprozentige Garantie für Erfolg geben, letzten Endes vermag es niemand, ausschließlich korrekte Prognosen zu treffen. Es kann also vorkommen, dass Sie, obwohl Sie alle Ratschläge aus diesem Buch berücksichtigen, dann und wann Verluste machen.

Für diese etwaigen Verluste können weder ich persönlich noch der Verlag die Haftung übernehmen, alles, was ich garantieren kann, ist, dass ich die Informationen in diesem Buch nach bestem Wissen und Gewissen recherchiert und zusammengestellt habe, um sie anschließend möglichst verständlich und übersichtlich aufzubereiten. Dennoch kann es passieren, dass plötzlich ein unerwartetes Ereignis eintritt, das kann ein Flugzeugabsturz ebenso sein wie die Wahl einer neuen Regierung in einem marktrelevanten Staat. Solche Ereignisse können, wenn sie unerwartet geschehen, sämtliche Prognosen über den Haufen werfen.

Bei den Ratschlägen in diesem Buch handelt es sich also um Handlungsempfehlungen und nicht um absolute Wahrheiten. Gäbe es diese im Bereich der Börse und der Finanzmärkte tatsächlich, wäre es schließlich einfach, denn jeder oder jede könnte sich an die eine erfolgreiche Strategie halten und damit reich werden. Letzten Endes würde dieser Gedanke vermutlich dahin führen, dass es überhaupt keine Möglichkeit gäbe, an der Börse Geld zu verdienen, denn es kann nun einmal nicht jeder nur gewinnen. Im besten Falle kommen wir niemals in die Situation, dass eine Ihrer Anlagestrategien nicht von Erfolg gekrönt wird, dann brauchen Sie dieses kleine Kapitel nie wieder aufzuschlagen.

Ich muss es dennoch an dieser Stelle einfügen, um eventuellen rechtlichen Schwierigkeiten oder Rechtsunsicherheiten direkt vorzubeugen. Doch, wie bereits erwähnt, ist alles in diesem Buch sorgsam recherchiert und nach bestem Wissen aufgearbeitet worden. Im Normalfall sollten Ihnen diese Tipps und Hinweise dabei helfen, Ihr Geld langfristig, sicher und ohne ein zu hohes Risiko zu investieren. Viel Erfolg dabei!

Begriffserklärungen

„Der Beginn der Weisheit ist die Definition der Begriffe". (Sokrates)

Bevor wir in die Materie einsteigen, ist es zunächst unerlässlich, einige wesentliche Begriffe zu klären, von denen Sie möglicherweise schon einmal gehört haben, die Sie jedoch auf Nachfrage hin nicht definieren könnten. Gerade die Begriffe sind aber zentral, um jederzeit zu verstehen, worüber wir uns hier unterhalten. Daher definiere ich direkt zu Beginn einige der wichtigsten Fachausdrücke, die im weiteren Verlauf des Textes Erwähnung finden werden. Sollten Sie bei der weiteren Lektüre der nun folgenden Kapitel über unbekannte Worte stolpern, schauen Sie doch am besten direkt in diesem Kapitel nach, vielleicht wird der Ausdruck hier erklärt.

Sollte dies nicht der Fall sein, können Sie natürlich auch im Internet nach den Begriffserklärungen suchen. Ich empfehle Ihnen hierbei allerdings, besonders gut auf die Quellen zu achten. Im Internet finden sich schließlich auch unseriöse Seiten, die sich auf den ersten Blick nicht immer von den seriösen Quellen unterscheiden lassen. Manche Webseiten vermitteln den Eindruck, es handele sich um ein Informationsangebot, in Wahrheit geht es aber darum, bestimmte Produkte zu bewerben oder zu verkaufen. Daher aufgepasst! Insbesondere, wenn es um Begriffe aus dem Bereich der Börse und der Finanzen geht, ist das Gabler Wirtschaftslexikon eine ausgezeichnete Quelle. Auch das Börsenlexikon der Frankfurter Allgemeinen Zeitung ist eine gute Option.

- **Aktien:** Den Begriff Aktie kennt fast jede*r, doch was verbirgt sich genau hinter ihm? Eine Aktie ist ein Wertpapier, das heißt, sie hat einen bestimmten Wert, der in Geld ausgedrückt wird. Eine Aktie kann also zum Beispiel 20 Euro wert sein. Die Aktie verbrieft einen

Anteil an einer Aktiengesellschaft, also an einem Unternehmen, welches an der Börse gehandelt wird (Berwanger, 2018). Der Sportartikelhersteller Adidas oder Pharmakonzern Bayer beteiligen beispielsweise ihre Aktionär*innen an den Gewinnen und auch Verlusten des Konzerns. Wenn Sie also eine Aktie von Adidas oder Bayer kaufen, erwerben Sie einen kleinen Teil an dem Unternehmen. Nach dem Gesamtwert des Unternehmens richtet sich auch der Wert Ihres Anteils, also der Kurs der Aktie.

- **Anleger*in**: Sobald Sie eine Aktie oder auch ein anderes Finanzprodukt kaufen, sind Sie ein Anleger oder eine Anlegerin. Sie deponieren Ihr Geld nicht unter dem Kopfkissen, sondern legen es an den Finanzmärkten an, man spricht auch von Investitionen.
- **Broker:** Ein Broker ist ein Finanzdienstleistungsunternehmen und wird zu Deutsch auch Börsenmakler genannt. Sie geben bei Ihrem Broker Transaktionen an der Börse in Auftrag und dieser führt sie in Ihrem Sinne durch. Ein Broker ist also nicht unbedingt eine reale Person, sondern ein Unternehmen (Heldt, Gabler Wirtschaftslexikon, 2018). Jeder Broker arbeitet dabei mit seiner eigenen, speziellen Software, die Ihnen den Handel von Wertpapieren binnen Sekunden ermöglicht.
- **Depot:** Das Wertpapierdepot, auch Wertpapierkonto genannt, ist das Konto, über welches Ihre Transaktionen abgewickelt werden, das heißt, der Kauf und Verkauf von Aktien oder anderen Finanzprodukten läuft über Ihr Depot. Die Wertpapierbestände werden auf dem Depot verbucht, es handelt sich also im Grunde um ein gewöhnliches Konto, ähnlich wie das Konto bei einer Bank, nur, dass anstelle von Geldbeträgen Wertpapiere gebucht und abgebucht werden. (Heldt, Gabler Wirtschaftslexikon, 2018).
- **Devisen:** Devisen sind Ansprüche auf Geldzahlungen in einer fremden Währung. Devisen können zum Beispiel Guthaben bei ausländischen Banken sein. Jede Form von Guthaben in fremder Währung,

zum Beispiel US-Dollar, Peso oder Yen, ist also eine Devise (Geßner, 2018). Der Devisenmarkt gilt als idealer Markt, insbesondere für Einsteiger*innen, da man hier bereits mit kleinen Geldsummen handeln kann und der Markt diverse Möglichkeiten für Investitionen eröffnet. Trotzdem ist auch der Devisenmarkt schwankend und von vielen professionellen Börsenhändler*innen bevölkert und daher, wie alle Märkte am Börsenparkett, mit Vorsicht zu genießen.

- **Dividende:** Die Dividende ist ein Teil des Gewinns, den eine Aktien- oder eine Fondsgesellschaft jährlich an alle Anleger*innen ausschüttet. Es handelt sich also um Ihren persönlichen Anteil am Gewinn der Organisation, des Unternehmens, in welches Sie investiert haben (Böcking, 2018).
- **Hebel**: Um die mögliche Gewinnspanne zu erhöhen, bedienen sich Trader*innen oftmals sogenannter Hebel. Dies bedeutet, dass Sie sich Geld leihen, zum Beispiel von einem Broker, um damit die Menge ihres Kapitals zu erhöhen. Sie können also zum Beispiel 20 Aktien von Ihrem eigenen Kapital, das heißt Ihrem eigenen Geld, kaufen, aber 100 weitere mit dem geliehenen Geld, also *auf Pump*. Somit haben Sie eine höhere Chance auf Gewinne, tragen aber auch ein höheres Risiko, da Sie eventuell geliehenes Geld verlieren könnten (IG.com, 2020).
- **Investmentfonds**: Ein Investmentfonds ist in erster Linie die Ansammlung von Vermögen, das heißt von Geld. Hinter diesen Fonds stehen Kapitalgesellschaften, also Unternehmen. Diese Unternehmen rufen einen Fonds mit einer bestimmten Summe ins Leben, um mit diesem Geld in Aktien, Anleihen, Rohstoffe oder Derivate (*siehe oben*) zu investieren. Manche dieser Fonds sind sogenannte offene Fonds, das heißt jede*r kann sich daran beteiligen. Ein Fonds ist deswegen risikoreicher als eine einzelne Aktie, weil er in mehrere mögliche Anlagen gleichzeitig investiert. Dementsprechend höher ist aber auch die Chance auf hohe Gewinne (FAZ.net-Börsenlexikon,

2020).

- **Kapital**: Ihr Kapital sind, zusammengefasst, alle Mittel, die Ihnen zum Handeln zur Verfügung stehen. Meistens handelt es sich beim Kapital um Geld, aber auch ein Computer oder dessen Software ist eine Form des Kapitals. Kapital ist also alles, was Ihnen für die Durchsetzung Ihrer Ziele zur Verfügung steht (Pfitzer, 2018). Wenn Sie erfolgreich an der Börse handeln möchten, benötigen Sie Kapital in Form von Geld, es ist oftmals auch von Startkapital die Rede. Wenn Sie Erfolg haben und Ihr Geld durch den Börsenhandel vermehren können, erhöht sich Ihr Kapital.
- **Long Position**: Eine Long Position setzt darauf, dass die Kurse eines Wertpapiers steigen. Sie kaufen also eine Aktie und hoffen darauf, dass der Wert jener Aktie im Laufe des Tages steigt und Sie somit am Ende des Handelstages einen Gewinn erzielt haben. Long Positionen sind insbesondere bei privaten Anleger*innen und Trader*innen beliebt, sie sind auch weniger risikoreich als *Short Positionen* (Kaufman, 2003).
- **Short Position**: Wenn Sie auf fallende Kurse einer Aktie setzen möchten, sollten Sie eine *Short Position* aufbauen. Man spricht auch vom *Short Selling*. Hierbei verkaufen Sie zunächst eine Aktie, die Sie noch gar nicht besitzen zu einem bestimmten Preis. Dann spekulieren Sie darauf, dass deren Wert im Laufe des Börsentages sinkt, später können Sie die Aktie dann tatsächlich kaufen, allerdings ist der Preis nun geringer als der ursprüngliche Preis, für den Sie diese zuvor verkauft haben. Es handelt sich also eigentlich um eine Art Leihgeschäft, man spricht auch von *Leerkäufen* beziehungsweise *Leerverkäufen* (Kaufman, 2003).
- **Transaktionen**: Eine Transaktion ist als Transfer von Geld oder von Gütern zu verstehen. Dies meint nichts anderes, als dass zum Beispiel der Verkauf oder der Kauf einer Aktie jeweils eine Transaktion darstellen. In einem Fall geht Ihre Aktie in den Besitz eines

anderen über, der Ihnen dafür eine entsprechende Summe an Geld bezahlt. Im anderen Fall geht eine Aktie vom Besitz eines anderen in Ihren Besitz über, wofür Sie wiederum Geld bezahlen (Peukert, 2018). Im Grunde findet bei jedem Ihrer Einkäufe, ob Sie nun den Wocheneinkauf für die Familie übernehmen oder sich ein Päckchen Kaugummi kaufen, ein Tausch von Geld gegen Ware statt. Das Prinzip funktioniert auch bei Dienstleistungen, wenn Sie also zum Beispiel einen Handwerker dafür bezahlen, dass er Ausbesserungsarbeiten in Ihrer Wohnung vornimmt, handelt es sich im klassischen Sinne um eine Transaktion.

Warum sich langfristiges Investieren lohnt

„Wer Geduld sagt, sagt Mut, Ausdauer, Kraft".
(Marie von Ebner-Eschenbach)

DER MYTHOS BÖRSE

Die Börse als Umschlagplatz für Zocker?

Beeinflusst durch mediale Berichterstattung, insbesondere in Zeiten der Finanzkrise, herrscht mittlerweile in der Bevölkerung eine negative Assoziation mit dem Begriff „Börse" vor. Oftmals werden die dort getätigten Geschäfte als spekulativ und unsicher wahrgenommen, ganz so, als würde man sein Geld in einem Spielcasino einsetzen. Doch das ist nur bedingt richtig. Natürlich gibt es an der Börse eine Vielzahl von Möglichkeiten, sein Geld zu verzocken, risikoreiche Geschäfte zu tätigen, es fällt nicht schwer, unvernünftig zu sein. Allerdings gibt es auf der anderen Seite ebenso die Möglichkeit, sein Geld langfristig und ohne große Risiken anzulegen.

Um exakt solche Anlagen soll es in diesem Buch gehen. ETFs sind langfristige Anlagen, die im Regelfall keine exorbitante Rendite versprechen, dafür aber ein geringes Risiko in sich tragen und, auf lange Sicht gesehen, sehr wahrscheinlich profitabel sind. Steter Tropfen höhlt den Stein, sagt der Volksmund – und er hat in diesem Fall recht. Denn welchen Vorteil bietet Ihnen eine Anlage, bei der Sie zwar innerhalb weniger Tage oder gar Stunden Tausende von Euro verdienen können, diese von einer auf die andere Sekunde aber auch wieder verlieren können? Ich möchte Ihnen daher zu Beginn die Berührungsangst mit dem Thema Börse nehmen. Börse und Zockerei, das ist nicht dasselbe und wir werden im weiteren Verlauf dieses Ratgebers genau sehen, warum. Haben

Sie also keine Angst, Ihr Geld an der Börse anzulegen! Sie müssen nur das richtige Produkt finden, dann können Sie ohne schlechtes Gewissen investieren.

Allein schaffe ich das nicht

Ohne einen professionellen Berater geht es nicht, ansonsten blicken Sie niemals allein durch. Genau das werden Ihnen Anlageberater*innen zu vermitteln versuchen. Doch auch das ist nicht ganz richtig. Je nachdem, wie kompliziert die Geschäfte sind, die Sie planen zu tätigen, genügt es vollkommen, sich selbst in die Materie einzulesen. Es gibt genügend Möglichkeiten, sich selbst über Finanzprodukte, Anlagestrategien und geschicktes Management zu informieren, eine dieser Möglichkeiten halten Sie gerade in Ihren Händen. Darüber hinaus gibt es weitere Ratgeber, Internetseiten und auch einige sehr gute Videos, sogenannte Tutorials, auf Videoplattformen wie YouTube. Sie brauchen also nicht zwangsweise einen Anlageberater oder einen Fondsmanager, um an der Börse erfolgreich zu sein.

Ohne Moos nichts los?

Ein weiterer Börsenmythos, der sich hartnäckig hält, ist der, dass man schon viel Geld braucht, um überhaupt mit dem Börsenhandel anfangen zu können. Es ist wahr, ohne ein gewisses Startkapital ergibt es keinen Sinn, sich am Börsenparkett zu betätigen. Dies würde ich Ihnen auch ausdrücklich nicht empfehlen, ich würde Ihnen sogar ausdrücklich davon abraten! Verwenden Sie kein Geld für Ihr Investment, das Sie an anderer Stelle dringend benötigen. Geld, auf das Sie nicht verzichten können, eignet sich nicht für ein Investment, denn selbst, wenn Sie die sicherste aller Varianten auswählen, besteht zu jeder Zeit ein Restrisiko.

Sie können allerdings bereits mit kleinen Summen erfolgreich sein, wenn Sie langfristig investieren, kommt Ihnen der Zinseszinseffekt zugute, diesen werde ich gleich an einem Rechenbeispiel verdeutlichen. Es kommt beim Investieren an der Börse viel weniger auf das Startkapital an als auf die richtige Anlagestrategie. Mit einer geschickten Anlagestrategie können Sie aus wenig viel machen, Sie müssen also nicht bereits vermögend sein, um Ihr Vermögen zusätzlich mehren zu können.

Fazit

Die Mythen, die sich rund um das Thema Börse ranken, sind also nicht unbedingt zutreffend. Wichtig ist vor allem, dass Sie sich gut informieren und sich trauen, Geld an der Börse zu investieren. Wenn Sie den Einstieg erst einmal geschafft haben, kommt die Erfahrung im Laufe der Zeit automatisch und im besten Fall entwickeln Sie sich stetig weiter. Fangen Sie klein an, mit einer geringen Summe Geld, deren Verlust Sie im Notfall verschmerzen könnten. Wählen Sie eine möglichst risikoarme Anlagestrategie. Wenn Sie genügend Erfahrung gesammelt haben, können Sie Ihr Portfolio erweitern und sich unter Umständen auch anderen Anlagestrategien widmen, zu Beginn sollten Sie jedoch tatsächlich jedes unnötige Risiko vermeiden.

Info Börse: Zahlen, Daten, Fakten

Die erste Börse wurde bereits im Jahre 1409 im heute belgischen Brügge gegründet. Gehandelt wurden sogenannte Wechsel, also Papiere mit einem Auftrag zur Auszahlung an eine bestimmte Person. Heute würde man vermutlich Überweisungsträger dazu sagen. In Augsburg und Nürnberg wurden die ersten deutschen Börsen im Jahr 1540 gegründet. Der Handelsplatz befand sich damals noch unter freiem Himmel, erinnerte also tatsächlich eher an einen Wochenmarkt als an unsere heutige Vorstellung von einer Börse. Das erste Börsengebäude der Welt wurde 1613 in Amsterdam eingeweiht.

In Deutschland gibt es im Jahr 2020 acht verschiedene Börsen. Die mit Abstand wichtigste und bekannteste ist in Frankfurt am Main zu Hause. Etwa 90 Prozent des Wertpapierhandels in Deutschland werden über Frankfurt abgewickelt (Börse, 2017). Das dortige Parkett bietet Platz für Wertpapiergeschäfte sowohl für Privatanleger*innen als auch professionelle Händler*innen. Für Profis gibt es den elektronischen Handelsplatz Xetra.

NIEDRIGZINSEN

Seit der Finanzkrise in den Jahren 2008 und 2009 geht der Trend in der Eurozone zu niedrigen Zinsen. Die Europäische Zentralbank (EZB) bestimmt über diesen Leitzins und hält ihn bewusst niedrig, um die Konjunktur innerhalb des Euroraums anzukurbeln. In Krisenzeiten neigen die Menschen vermehrt dazu, ihr Geld beisammenzuhalten, sie legen es auf Sparbücher oder auf ihr Konto und geben es nicht aus, da sie Angst vor der Krise haben und befürchten, ihr Wohlstand könnte sich verringern. Hohe Zinsen sind ein weiterer Anreiz dafür, das Geld auf den Konten und Sparbüchern zu belassen, schließlich vermehrt sich das Geld durch die monatlichen Zinszahlungen auch noch. Wenn es aber keine Zinsen gibt, vermehrt sich das Geld nicht. Im Gegenteil. Durch die Inflation, das heißt die Teuerung der Preise, sinkt der Wert des Geldes de facto sogar.

Folgendes Beispiel verdeutlicht den Effekt der Inflation:

Rechenbeispiel

Sie haben hundert Euro zur Verfügung und möchten sich eine Hose kaufen, die sechzig Euro kostet. Sie geben also sechzig Euro von Ihrem Geld aus und haben dafür die Hose erworben, die sie gerne haben wollten. Wenn Sie die hundert Euro noch eine Weile auf Ihrem Konto liegen lassen und die Inflation in dieser Zeit zwei Prozent beträgt, wird die Hose in diesem Zeitraum um zwei Prozent teurer, kostet also nun 61,20 Euro. Sie haben zwar immer noch hundert Euro, aber das Geld ist weniger wert, da die Waren teurer geworden sind. Nun ist 1,20 Euro sicherlich kein enormer Betrag, wenn wir aber über eine höhere Inflationsrate oder über eine Ware mit einem höheren Preis sprechen, zum Beispiel über ein Auto, werden die Unterschiede deutlicher. Es ist also in Ihrem Fall ökonomisch sinnvoller, die Hose sofort zu kaufen, anstatt das Geld für einen längeren Zeitraum auf dem Konto liegen zu lassen.

Genau diesen Effekt beabsichtigt auch die EZB mit ihrer Niedrigzinspolitik. Die Menschen sollen Geld ausgeben und damit die Wirtschaft stärken, denn jeder Euro, der in die Wirtschaft fließt, kommt über Steuern, wie zum Beispiel die Mehrwertsteuer, auch dem Staat zugute. Für Staaten ist es also grundsätzlich besser, wenn die Bürger konsumieren und kaufen, anstatt zu sparen. Ist der Anreiz zum Sparen nicht vorhanden, geben die Leute mehr Geld aus, das auf diese Art und Weise in die Wirtschaft fließt und die Konjunktur ankurbelt. Lieber jetzt kaufen, denken die meisten, bevor mein Geld in ein paar Wochen weniger wert ist. Diese Politik der EZB ist also nachvollziehbar, sie führt allerdings dazu, dass sparen in der Tat keine besonders ertragreiche Alternative mehr darstellt. Gerade deshalb können Geldanlagen an der Börse zurzeit eine besonders gute Alternative darstellen!

Auch an der Börse werden Investitionen getätigt. Sie gaben also zunächst einmal Geld aus, allerdings in der Hoffnung, dafür einen Wert zu erhalten, der unter Umständen sogar mehr wiegt als das Geld an sich. Nehmen wir erneut ein Beispiel aus dem Textilbereich. Nehmen wir an, Sie möchten sich ein Paar Schuhe kaufen. Wenn Ihnen dieses Paar Schuhe derartig gut gefällt, dass Sie es unbedingt haben möchten oder die Marke derzeit so stark in Mode ist, dass Sie unbedingt ein Kleidungsstück von dieser Marke haben wollen, dann ist Ihnen das entsprechende Paar Schuhe vermutlich mehr wert, als die achtzig oder hundert Euro, die es kostet. Im Falle der Schuhe können Sie sich aber ziemlich sicher sein, dass das Geld zunächst einmal weg ist, Sie werden Ihr Geld nicht durch den Kauf der Schuhe vermehren, sondern, im Gegenteil, erst einmal reduzieren. Beim Investieren, zum Beispiel in ETFs, ist aber genau das möglich. Sie stecken Geld in Ihr Portfolio hinein und bekommen, wenn alles gut läuft, mehr Geld wieder heraus, als Sie eingezahlt haben.

Info: Zinsen

Die ursprüngliche Idee des Zinses war es, dass das Geld auf diese Art und Weise zu denjenigen Menschen und insbesondere Unternehmer*innen zugutekommen sollte, die das Beste aus dem Geld machen. Außerdem wollte man verhindern, dass Geld in sinnfreie Projekte investiert würde. Schließlich muss man für einen Kredit Zinsen bezahlen, da ist man doppelt und dreifach vorsichtig, für welche Projekte man tatsächlich einen Kredit aufnimmt. Ob dieser Effekt durch Zinsen tatsächlich erreicht wird, ist wissenschaftlich aber bisher nicht belegt.

Zinsen wachsen exponentiell. Das liegt daran, dass die ursprünglich eingezahlte Summe verzinst wird und damit wächst. Im nächsten Monat wird dann diese angewachsene Summe wiederum verzinst, und so weiter. Man spricht auch von *Zinseszinsen*. Legt man also ein Geldvermögen mit 3,5 Prozent Zinsen an, hat es sich innerhalb von nur 20 Jahren verdoppelt. Derjenige, der Zinsen nehmen kann, verdient also enorm daran, wohingegen diejenige, die Zinsen bezahlen muss, einen ziemlich starken Verlust erleidet.

Jeder Mensch muss mehr oder weniger häufig Zinsen zahlen. Produzent*innen und Dienstleister*innen rechnen nämlich im Normalfall die Zinsen in ihre Preise mit hinein. Der Preis für die Wasserversorgung beispielsweise enthält im Durchschnitt 15 Prozent Zinskosten, dasselbe gilt für Mietzahlungen oder Pachten. Man schätzt, dass etwa 30 Prozent des Geldes, das jede*r von uns im Jahr ausgibt, versteckte Zinskosten sind. In den antiken Religionen gab es fast immer ein Zinsverbot, um die soziale Ungleichheit nicht Übergebühr zu erhöhen, doch mittlerweile haben wir uns alle mehr oder weniger an das Zinssystem gewöhnt (Krol, 2018).

JE FRÜHER, DESTO BESSER

Vielleicht stellen Sie sich, nachdem Sie die einleitenden Worte nun gelesen haben, die Frage: Warum soll ich bereits jetzt mit dem Investieren beginnen? Ihre Rente scheint weit entfernt zu sein und vielleicht ist die Börse doch, auch wenn manches Vorurteil über sie nicht stimmen mag, ein Ort für erfahrene Manager in maßgeschneiderten Anzügen. Vielleicht überlegen Sie, doch noch ein wenig länger zu warten und die Entwicklung der Finanzmärkte erst einmal in Ruhe zu beobachten. Doch lassen Sie sich nicht täuschen. Tatsächlich gilt: je früher, desto besser.

Früh übt sich ...

Erstens ist es niemals zu früh, um Erfahrungen zu sammeln. Wenn Sie frühzeitig anfangen, haben Sie mehr Zeit dazuzulernen und wenn Sie unter Umständen eines Tages auf Ihren wohlverdienten Ruhestand zugehen und weiterhin an der Börse investieren möchten, verfügen Sie bereits über einen wertvollen Schatz an Erfahrung, den andere Investor*innen in Ihrem Alter noch nicht haben, im besten Falle haben Sie bis dahin natürlich Ihre Schäfchen ins Trockene gebracht. Außerdem fällt es Ihnen leichter, neue Informationen aufzunehmen und zu verarbeiten, je jünger und frischer Sie geistig sind.

Im hohen Alter noch eine neue Sprache zu lernen, ist ungleich schwieriger, unser Gehirn hat dann eine geringere Aufnahmekapazität, wir können im Alter neue Informationen immer langsamer verarbeiten (BrainYoo-Team, 2014). Dasselbe gilt auch für das Erlernen des Börsenhandels. Natürlich ist es auch mit 40 oder 50 Jahren noch nicht zu spät, sich in ein solches Thema einzuarbeiten, aber besser ist es, wenn man früh damit anfängt, die Grundlagen zu legen und dieses grundlegende Wissen nur noch punktuell zu erweitern.

Außerdem macht es einen riesengroßen Unterschied, ob Sie anhand von Börsenspielen oder Simulationen versuchen, etwas über den

Finanzmarkt zu lernen, oder ob Sie tatsächlich mit eigenem Geld eigenständig Entscheidungen treffen müssen. Es ist also entscheidend „Skin in the Game“ zu haben, um mit dem Finanzmathematiker Nassim Nicholas Taleb zu sprechen. Taleb meint damit, dass man das Investieren an der Börse nur dann gut lernen kann, wenn wirklich etwas auf dem Spiel steht, wenn man wirklich etwas riskiert (Scheu, 2018). In diesem Fall nämlich Geld. Fangen Sie lieber jetzt damit an, indem Sie kleine Summen Geld einsetzen und mithilfe dieses Geldes Erfahrungen sammeln, anstatt später mit viel Geld und ohne Erfahrung an den Start zu gehen.

Das Schachbrett und die Reiskörner. Der Zinseszinseffekt

Ein weiterer Grund ist der schon kurz angerissene Zinseszinseffekt. Wir haben bereits gelernt, dass die Zinsen im Moment niedrig sind, dass sie in der Realwirtschaft, das heißt auf Konten und Sparbüchern, momentan nicht einmal existieren. Wann die Nullzinspolitik der EZB endet und es wieder Zinsen geben wird, ist mehr als unklar. Bei einigen Finanzprodukten, wie zum Beispiel ETFs, die ich Ihnen im nächsten Kapitel noch detaillierter vorstellen werde, gibt es allerdings die Möglichkeit, Zinsen zu erwirtschaften. Wenn Sie die Chance haben, auf Ihre Anlagen Zinsen zu erhalten, tritt der gewünschte Zinseszinseffekt ein.

Rechenbeispiel:

Nehmen wir an, Sie investieren 500 Euro in einen ETF und erhalten darauf fünf Prozent Zinsen, haben also im Folgejahr bereits 525 Euro auf Ihrem Anlagedepot, ohne etwas dafür getan zu haben. Auf diese Summe erhalten Sie nun abermals fünf Prozent Zinsen, das bedeutet, im nächsten Jahr sind es bereits 551,25 Euro und so weiter. Nun mögen diese Summen nicht besonders hoch erscheinen, aber bedenken Sie, dass sich dieser Effekt immer weiter fortsetzt, dass die Summen irgendwann durchaus eine beachtliche Höhe erreichen. Außerdem müssen Sie für dieses Geld nicht arbeiten, es vermehrt sich quasi von allein. In zehn

Jahren wird Ihr Anlagekapital nur durch das Prinzip von Zins und Zinseszins von 500 Euro auf 823,50 Euro angewachsen sein, ohne dass Sie irgendetwas dafür tun müssen, ohne dass Sie Zeit hätten investieren müssen. Über Anlagen an der Börse können Sie sich also die Zinsen und Zinseszinsen verdienen, welche die EZB Ihnen im Moment verwehrt.

In zehn Jahren haben Sie also 323,50 Euro nur an den Zinsen verdient. Wenn Sie fünf Jahre später mit dem Investieren anfangen, das heißt anstelle eines Zeitraums von zehn Jahren nur über einen Zeitraum von fünf Jahren Zinsen erhalten, stehen am Ende bloß 641,68 Euro zu Buche. Sie haben also statt 323,50 Euro lediglich 141,68 Euro verdient, weniger als die Hälfte. Darum lohnt es sich, möglichst frühzeitig mit dem Investieren zu beginnen, Zinsen bedeuten immer exponentielles Wachstum, das heißt konkret, dass die Kurve immer steiler ansteigt.

Ein schönes Beispiel für exponentielles Wachstum ist die Geschichte des Kaisers von China und seinem Hofmathematiker. Für dessen jahrelangen, treuen Dienst wollte ihm der Kaiser ein Geschenk machen. Der Mathematiker überlegte kurz und äußerte dann seinen Wunsch. Er wolle ein Schachbrett haben, auf dem ersten Feld dieses Schachbretts solle ein Korn Reis liegen, auf dem zweiten Feld zwei Körner, auf dem dritten vier, auf dem vierten sechzehn und so weiter. Der Kaiser wunderte sich über die Bescheidenheit seines Mathematikers und ordnete an, den Wunsch zu erfüllen.

Das Wachstum ist exponentiell, es wird schließlich immer die größer gewordene Anzahl der Reiskörner mit sich selbst multipliziert. Genau dasselbe Prinzip gilt bei den Zinseszinsen. Das aufgrund der Verzinsung angewachsene Vermögen wird wiederum verzinst und so weiter. Das Ende der Geschichte aus dem alten China ist schnell erzählt. Der Hofmathematiker wurde aufgrund seines unverschämten Wunsches in den Kerker gesteckt. Schließlich würde die Anzahl der Reiskörner, die sich gemäß seinem Wunsch auf dem 64. Feld befinden würde, ganz

Deutschland unter einer ein Meter hohen Schicht aus Reis begraben, so viele Reiskörner kämen am Ende zusammen. Exponentielles Wachstum ist für den menschlichen Geist kaum real vorstellbar, weshalb ich bewusst ein einigermaßen anschauliches und überschaubares Beispiel mit den Zinseszinsen geliefert habe.

DIE RENTE IST SICHER?

Das deutsche Rentensystem basiert auf der Idee des sogenannten Generationenvertrags. Bestimmt haben Sie diesen Begriff schon einmal irgendwo gehört, schließlich wird in diversen Medien gerne über die drohende Rentenlücke berichtet. Ich möchte das Prinzip des Generationenvertrags an dieser Stelle dennoch kurz erläutern.

Sie sind fest angestellt, Ihre Eltern sind gegebenenfalls bereits in Rente, sie bestreiten ihren Lebensunterhalt also durch die Zahlungen der gesetzlichen Rentenversicherung. Die Deutsche Rentenversicherung kann Ihren Eltern nur deshalb dieses Geld auszahlen, weil Sie selbst in die Rentenkasse einzahlen. Jeden Monat wird ein gewisser Anteil Ihres Gehaltes vom Arbeitgeber einbehalten und an die Rentenversicherung gezahlt. Wenn Sie später einmal in Rente gehen, zahlen Ihre Kinder wiederum Beiträge für Sie.

Das System ist also gerecht und scheint auf den ersten Blick auch enorm stabil zu sein. Im Vergleich zu anderen Modellen, zum Beispiel zu einer rein privaten Altersvorsorge, hat sich der Generationenvertrag über Jahrzehnte hin bewährt und galt lange Zeit als Musterbeispiel für ein gelungenes System der Alterssicherung. Doch auch das deutsche Rentensystem ist alles andere als perfekt, dies tritt in den letzten Jahren vermehrt zutage. Zum einen zahlen nicht alle Erwerbstätigen in die Rentenkasse ein. Selbstständige sind zum Beispiel von dem System der gesetzlichen Rentenversicherung ausgeschlossen. Sie müssen keine Beiträge zur Rentenversicherung zahlen, erhalten aber im Alter auch keine Auszahlungen aus dem Rententopf. Wenn Sie also beispielsweise selbstständiger Handwerker sind, fallen Sie aus diesem System heraus. Sie müssen sich privat um Ihre Altersvorsorge kümmern.

Die Zahl der Selbstständigen, insbesondere der sogenannten Kleinselbstständigen, oft auch Englisch als Freelancer bezeichnet, wächst in Deutschland seit Jahren kontinuierlich an.

Diese Kleinselbstständigen haben keinen Betrieb im klassischen Sinne, sie haben keine Angestellten und keine Gebäude mit Büroräumen gemietet. Sie haben aber auch keine feste Anstellung, sondern arbeiten bei verschiedenen Firmen für einen bestimmten Zeitraum oder arbeiten an einem bestimmten Projekt mit. Ist dieses abgeschlossen, arbeiten sie gegebenenfalls für einen neuen Auftraggeber, sie erhalten daher kein festes Gehalt, sondern schreiben Rechnungen, ähnlich also wie ein Handwerker oder eine Steuerberaterin. Dementsprechend zahlen diese Kleinselbstständigen nicht in die Rentenkasse ein. Je mehr es von ihnen gibt, desto weniger Beitragszahler*innen gibt es, desto weniger Geld landet im Rententopf. Vermutlich erkennen Sie das Problem hier bereits. Die aktuellen Rentner*innen sind schließlich darauf angewiesen, dass es genügend Beitragszahler*innen gibt, die für die Stabilität der gesetzlichen Rente sorgen. Andernfalls gerät der Generationenvertrag aus dem Gleichgewicht.

Hinzu kommt ein Problem, welches unter dem Begriff *demografischer Wandel* Einzug in die öffentliche Diskussion gehalten hat. Jede Gesellschaft hat eine bestimmte Bevölkerungsstruktur. Wenn man sich ausschließlich das Alter betrachtet, bedeutet das, es gibt in jeder Gesellschaft eine gewisse Anzahl an sehr jungen Menschen, an Menschen im mittleren Alter und an älteren Menschen. Über einen langen Zeitraum hinweg, wurde die Altersstruktur, man spricht auch von der demografischen Struktur, als Zwiebel dargestellt. Eine Zwiebel ist in der Mitte dick und bauchig und wird an den Enden immer schmaler. Übertragen auf die Bevölkerung bedeutet dies, dass in der Mitte mit Abstand die meisten Menschen abgebildet wurden, die Menschen zwischen zwanzig und sechzig Jahren stellten die große Mehrheit der Bevölkerung.

Diese Menschen sind es auch, die im Normalfall in die Rentenkasse einzahlen. Die sehr jungen, das heißt minderjährigen Menschen, die logischerweise weder Rente erhalten, noch in die Rentenkasse einzahlen, waren ein kleiner Teil an einem Ende der Zwiebel, die älteren Menschen, die einst gearbeitet haben und nun von den Rentenzahlungen leben, waren der kleine Teil am anderen Ende der Zwiebel.

Seit einiger Zeit jedoch ist die Geburtenrate in Deutschland rückläufig. Das heißt, die Menschen in diesem Land bekommen immer weniger Kinder. Gründe dafür gibt es viele, manche Menschen können sich keine Kinder mehr leisten, da ihr Gehalt zu niedrig ist und die Lebenshaltungskosten, das bedeutet Miete, Lebensmittel, etc. zu hoch sind. Andere möchten sich voll und ganz auf ihren Beruf konzentrieren und haben daher keine Zeit für Kinder und wieder andere finden schlicht keinen Partner oder keine Partnerin, mit dem oder der man Kinder bekommen könnte. Im Gegenzug leben die Menschen in Deutschland immer länger, da, dank des medizinischen Fortschritts heute Krankheiten gut behandelt werden können, die noch vor dreißig oder vierzig Jahren tödlich gewesen wären. Für die Rentenkasse ergibt sich aus dem Zusammenwirken dieser Faktoren allerdings ein Problem.

Immer weniger Kinder bedeutet, dass in den nächsten Jahren immer weniger Beitragszahler*innen in die gesetzliche Rentenkasse einzahlen können. Die Kinder von heute sind die Beitragszahler*innen von morgen, um es einmal herunterzubrechen. Wenn aber gleichzeitig immer mehr Menschen eine Rente beziehen, bedeutet das, dass immer weniger Beitragszahler*innen für immer mehr Rentner*innen aufkommen müssen.

Das System des Generationenvertrags ist auf das Zwiebelmodell ausgelegt, nur wenn die Beitragszahler*innen gegenüber den Rentner*innen klar in der Überzahl sind, kann eine ausreichende bis gute Rente gezahlt werden. Sieht die Situation aus wie aktuell, bräuchte es

Bestrebungen der Politik, die gesetzliche Rente zu retten oder etwas an ihrer Konzeption zu verändern. Man könnte zum Beispiel Selbstständige ebenfalls in die Rentenkasse einzahlen lassen. Auch Menschen, die monatlich ein sehr hohes Gehalt verdienen (etwas über 6.000 Euro), zahlen nicht in die Rentenkasse ein. Auch sie könnte man dazu verpflichten, um das System aufrechtzuerhalten.

Allerdings ist es im Moment nicht absehbar, dass unsere Politiker*innen leidenschaftlich um den Generationenvertrag kämpfen. Vielmehr empfehlen sie eine zusätzliche private Altersvorsorge. Und so fußt das deutsche Rentenmodell mittlerweile auf drei Säulen. Der gesetzlichen Rente, also dem Generationenvertrag, der privaten Altersvorsorge und der betrieblichen Altersvorsorge. Manche Betriebe richten zusätzliche Rentenfonds für ihre Mitarbeiter*innen ein, diese zahlen einen kleinen Anteil ihres Gehaltes in diesen Fonds ein und erhalten dann, wenn sie das Rentenalter erreicht haben, zusätzlich zur gesetzlichen Rente noch ein wenig Geld von ihrem ehemaligen Betrieb. Insbesondere die Bedeutung der privaten Altersvorsorge wird von den Politiker*innen gerne betont. Wir können also davon ausgehen, dass sie in naher Zukunft vermehrt dieses Modell unterstützen werden.

Aktien oder auch Fonds, die an der Börse gehandelt werden, können eine gute Möglichkeit zur privaten Altersvorsorge darstellen. Wie wir bei der Widerlegung der Mythen rund um die Börse gesehen haben, ist es zudem nicht richtig, dass Aktien oder andere Anlagemöglichkeiten sich nicht als Altersvorsorge eignen. In der Tat gibt es einige gute Alternativen am Börsenparkett, die sich besser für die Altersvorsorge eignen als das berühmte Sparschwein. Wir werden uns diese Alternativen im weiteren Verlauf des Buches noch ansehen. Zunächst einmal war es mir wichtig, Ihnen aufzuzeigen, warum es überhaupt wichtig sein kann, privat für Ihr Alter vorzusorgen. Eines Tages wird der Zeitpunkt gekommen sein, an dem Sie in das Rentenalter kommen, auch wenn Sie es sich aktuell vielleicht noch nicht vorstellen können oder wollen.

Zusammenfassend kann man sagen, dass der Generationenvertrag, auf dem die gesetzliche Rente aufgebaut ist, ein sicheres und gerechtes Konzept ist, das allerdings, wie beinahe alle Konzepte, gewisse Schwächen hat. Diese werden durch den demografischen Wandel und die damit einhergehende Veränderung der Bevölkerungsstruktur offensichtlich. Eine Stärkung und leichte Anpassung der gesetzlichen Rente an die demografischen Realitäten wäre notwendig. Offenbar scheint die Politik aktuell aber eher die private Altersvorsorge zu stärken. Und so scheint der Satz, den der bereits verstorbene CDU-Politiker Norbert Blüm einst im Wahlkampf plakatieren ließ: *„Denn eines ist sicher: Die Rente"* nicht mehr uneingeschränkt zu gelten. Sie sollten sich also zumindest Gedanken über eine private Altersvorsorge machen.

Info: Rente

Bereits im Jahr 1889 spannte der damalige Reichskanzler Otto von Bismarck erstmals ein, wenn auch recht dürftiges, soziales Netz über Deutschland, zu dem auch die gesetzliche Rentenversicherung zählte. Anfangs war die Struktur der Versicherungen noch dezentral und den Landesversicherungsanstalten vorbehalten, bis schließlich 1913 das Versicherungsgesetz für Angestellte in Kraft trat. Für diese war fortan die neu gegründete Reichsversicherungsanstalt in Berlin zuständig. Durch die Jahre des Ersten Weltkriegs (1914 – 1918) wurde die Rentenversicherung stark gebeutelt, die hohen Todeszahlen bei der Gruppe der jungen Männer und der enorme Verfall der Mark nach dem Ende des Krieges sorgten für leere Kassen. Unter der Herrschaft der Nationalsozialisten von 1933 bis 1945 wurde die Rentenversicherung der Staatsgewalt unterstellt. Jede Versicherungsanstalt wurde ab sofort von einem regierungstreuen Mitarbeiter geleitet. Nach dem Ende des Zweiten Weltkriegs wurde auch die Rentenversicherung neu aufgebaut, der oben bereits beschriebene Generationenvertrag bildete die Grundlage für den Erfolg des neuen Systems (Rentenversicherung, Die Geschichte der

Deutschen Rentenversicherung, 2019).

Stand Juli 2020 beträgt der Beitrag, den Arbeitnehmer*innen zur gesetzlichen Rentenversicherung entrichten müssen, 18,6 Prozent des Bruttolohns. Es gibt etwa 18,25 Millionen Bezieher*innen von Altersrente in Deutschland. Im Schnitt betrug eine Rente 1.219 Euro, wobei es einen deutlichen Unterschied zwischen Männern und Frauen gibt. Männer erhalten im Durchschnitt eine Rente von 1.362 Euro im Monat, Frauen lediglich 991 Euro (Rentenversicherung, Werte der Rentenversicherung, 2020). Das liegt daran, dass Frauen meist weniger verdienen als Männer und, insbesondere in der aktuellen Rentner*innengeneration, häufig noch Hausfrauen ohne eigenes Einkommen waren.

Das Rentenniveau ist in Deutschland weit unter dem Schnitt der Staaten der Europäischen Union. Es betrug zuletzt 50,5 Prozent, das bedeutet, dass die Rente 50,5 Prozent, also gut der Hälfte des zuletzt gezahlten Lohns entspricht (OECD, 2018). Wer also vor Renteneintritt 2.500 Euro verdient hat, kommt auf eine Rente in Höhe von 1.262,50 Euro. Die Bundesregierung verabschiedete jüngst ein Gesetz, das ein Absinken des Rentenniveaus unter 48 Prozent verhindern soll (Spiegel-Online, 2018).

WAS WIR IN DIESEM KAPITEL GELERNT HABEN:

- Nicht alles, was man sich über die Börse erzählt, stimmt. Man kann an ihr sowohl risikoreiche als auch sehr sichere Geschäfte tätigen. Also keine Angst vor der Börse! Vergessen Sie Ihre Berührungsängste und trauen Sie sich an Ihr erstes Investment heran!
- Auf Zinsen von der Bank können Sie im Moment nicht bauen. Sie sind einfach zu niedrig, beziehungsweise nicht existent. Auch im Alter ist Ihr Wohlstand durch die gesetzliche Rente nicht mehr

garantiert. Langfristige Investitionen sind eine gute Alternative!

- Je früher Sie anfangen zu investieren, desto besser. Denken Sie an den Matheunterricht und an das Schachbrett mit den Reiskörnern. Der Zinseszinseffekt sorgt für exponentielles Wachstum, das heißt, er macht sich umso bemerkbarer, je früher Sie anfangen!
- Legen Sie sich einen gut überlegten Plan zurecht und starten Sie nicht Hals über Kopf in den Börsenhandel. Beantworten Sie die wichtigsten Fragen für sich im Voraus! Wo wollen Sie genau hin, wann möchten Sie Ihr Sparziel erreichen und was möchten Sie dafür tun, das heißt, wie viel Zeit und Energie möchten Sie für Ihr Investment investieren?

Der Handel mit ETFs

„Ein Geschäft, das nur Geld einbringt,
ist ein schlechtes Geschäft".
(Henry Ford)

WAS SIND ETFS?

ETF ist die Abkürzung für den englischen Begriff *Exchange Traded Fund*, zu Deutsch: börsengehandelter Fonds. Es handelt sich also schlicht und ergreifend um einen Investmentfonds, der an einer Börse gehandelt wird. Die meisten Fonds, die an der Börse gehandelt werden, sind *passiv verwaltete* Fonds. Passive Verwaltung oder auch passives Management ist eine Strategie zur Verwaltung von börsennotierten Vermögenswerten. Dabei wird durch einen Fonds der Verlauf eines Börsenindexes nachgebildet, daher spricht man bei passiv gemanagten Fonds auch oftmals von *Indexfonds*. Bekannte Indizes sind zum Beispiel der Deutsche Aktienindex (DAX) oder das US-amerikanische Pendant, der Dow Jones.

Der Fonds bildet exakt den Verlauf des Indexes ab, steigt also der DAX um drei Prozentpunkte, so steigt ein Index, der den DAX nachbildet, ebenfalls um drei Prozent. Sinkt der DAX um zwei Prozentpunkte, trifft dies auch auf den Index zu. Der DAX soll hier nur zur Veranschaulichung der Funktionsweise dienen, da es sich um den wahrscheinlich bekanntesten deutschen Börsenindex handelt, unter dem Sie sich sehr wahrscheinlich etwas vorstellen können. Tatsächlich gibt es Indices, die sich deutlich besser für eine Abbildung in Form eines ETFs eignen und für Investor*innen daher empfehlenswerter sind. Dazu werden wir an späterer Stelle noch einmal zurückkommen, nun möchte ich zunächst erklären, wie ein ETF entsteht.

WIE ENTSTEHEN ETFS?

Grundsätzlich können ETFs auf zwei verschiedene Arten entstehen.

Physische Abbildung

Bei der physischen Abbildung wird zuerst eine eigene Gesellschaft gegründet, welche die Wertpapiere physisch, also tatsächlich einkauft. Als physisch wird der Kauf deshalb bezeichnet, weil man früher nicht über die notwendige Computersoftware verfügte, um diese Käufe über ein automatisiertes, technisches System abzuwickeln. Man ging also tatsächlich zur Börse und kaufte ein Wertpapier, zum Beispiel eine Aktie, wie man ein Comicheft oder eine Zeitung in einem Zeitschriftenladen kauft. Das Wertpapier lag dann nicht nur digital, sondern tatsächlich physisch vor. Heute werden derartige Käufe überwiegend automatisiert abgewickelt.

Bei der physischen Abbildung werden also Wertpapiere von der Fondsgesellschaft eingekauft. Logischerweise schwankt der Wert der Gesellschaft in genau dem gleichen Ausmaß, wie der Wert der in der Gesellschaft enthaltenen Wertpapiere. Man nennt diese auch Titel. Ziel der Gesellschaft ist es, Anteile dieser Titel an die Anleger*innen auszugeben, diese also am Risiko, aber auch an den Gewinnchancen zu beteiligen. Zu diesem Zweck gibt die Gesellschaft ETFs heraus. Der Wert der ETFs richtet sich ebenfalls nach dem Wert der enthaltenen Titel, womit der Index eins zu eins abgebildet ist. Der Vorteil dieser physischen Abbildung ist, dass das sogenannte Emittentenrisiko wegfällt. Der Emittent ist das Unternehmen, welches Wertpapiere herausgibt. Wenn Sie also einen ETF auf den DAX kaufen, der von der Commerzbank herausgegeben wurde, machen Sie selbst dann keinen Verlust, wenn die Commerzbank Konkurs anmeldet, sondern nur, wenn der gesamte DAX Verluste macht (Finanzfluss, ETF Erklärung: Was sind ETFs? In nur vier Minuten erklärt! Finanzlexikon, 2016).

Die Orientierung an klassischen Börsenindices ist die häufigste Form der Ausgestaltung eines ETFs. Allerdings gibt es auch noch andere Varianten, manche ETFs orientieren sich zum Beispiel an ganzen Branchen, zum Beispiel der Finanz-, der Medien- oder Pharmabranche. Auch Rohstoffe können unter dem Dach von ETFs gehandelt werden, zum Beispiel Gold oder Erdöl. Zudem gibt es die Möglichkeit, den Wert der Fonds an die wirtschaftliche Entwicklung ganzer Staaten oder Regionen zu knüpfen. Der ETF folgt dann beispielsweise den Konjunkturdaten der USA oder der sogenannten Schwellenländer (Finanzfluss, ETF Erklärung: Was sind ETFs? In nur vier Minuten erklärt! Finanzlexikon, 2016).

Die Ausrichtung eines ETFs an den Wirtschaftsdaten eines oder mehrerer dieser Staaten verspricht auf der einen Seite Gewinne, da das Wachstum in den Schwellenländern meist höher ist als in den Industriestaaten, die ihre Wachstumspotenziale oft bereits größtenteils ausgeschöpft haben. Auf der anderen Seite sind diese Staaten oft politisch instabil. Dies kann wiederum zu größeren Schwankungen und gegebenenfalls zu Kursverlusten führen. Zu empfehlen sind solche ETFs also nur bedingt.

Wie bereits erwähnt, richten sich die meisten ETFs nach Börsenindices. Im Folgenden werde ich das Prinzip der Exchange Trading Funds daher auch am Beispiel eines Börsenindexes erklären.

Synthetische ETFs

Wenn der Anbieter eines ETFs den DAX physisch abbilden will, dann ist das kein Problem. Es handelt sich um eine begrenzte Anzahl an Unternehmen, außerdem haben all diese Unternehmen eine gewisse Größe und eine gewisse Position auf dem Weltmarkt. Möchte man aber andere Indizes abbilden, beispielsweise den MSCI World Index, der eine wesentlich größere Anzahl an Unternehmen auf der ganzen Welt beinhaltet, ist das physisch kaum möglich. Dies wäre enorm teuer und würde zu hohen

Transaktionsgebühren für die Anleger*innen führen. Um ETFs für solche Indizes abbilden zu können, hat man synthetische ETFs entwickelt.

Der Begriff *Synthese* kommt aus dem Griechischen und bezeichnet eine Zusammenfassung oder eine Verknüpfung. Und so findet hier auch eine Verknüpfung statt. Der synthetische ETF ist nicht direkt an einen Index angeschlossen. Diese Fonds nutzen *Swaps*. Swaps sind gegenseitige Zahlungsverpflichtungen, meist zweier Institutionen, zum Beispiel dem Anbieter des ETFs und einer Bank. Die Bank investiert also in den ETF, die Bank und der ETF-Anbieter sind Swap-Partner, man nennt diese Partner auch *Kontrahenten*. Oft findet ein Swap zwischen dem Anbieter und dessen Mutterkonzern statt, die meisten bekannten ETFs gehören zu großen Finanzkonzernen, meist Banken oder Versicherungen. So swappt zum Beispiel der ETF *db X-trackers* mit dem Herausgeber des ETFs: der Deutschen Bank. Wichtig ist es zu wissen, dass die Swaps nicht über die Börse abgewickelt werden, es handelt sich um Absprachen zwischen den beiden Parteien, welche diese Absprachen nicht öffentlich machen müssen.

Die synthetische Nachbildung ist genauer als die physische. Außerdem fallen hier weniger Gebühren an, da keine Mietkosten für den Finanzplatz bezahlt werden müssen, außerdem muss kein Broker bezahlt werden. Für die physische Abbildung ist ein Broker zwingend notwendig. Da die Gebühren geringer sind, bleibt also am Ende mehr für die Anleger*innen übrig.

WAS WIR IN DIESEM KAPITEL GELERNT HABEN:

- Wir wissen nun, was ein ETF ist, ein an der Börse gehandelter, passiv gemanagter Fonds. Ein normaler ETF spiegelt den Verlauf eines Indexes an der Börse wider.
- ETFs können auf zwei unterschiedliche Arten entstehen, wobei jede von ihnen ihre Vor- und Nachteile hat.

Chancen und Risiken beim Handel mit ETFs

„An der Börse ist alles möglich.
Auch das Gegenteil“.
(André Kostolany)

Wie beinahe alles im Leben hat auch der Handel mit ETFs zwei Seiten. Auf der einen Seite sind ETFs sehr sichere und solide Finanzprodukte, die eine langfristige Anlage ohne hohes Verlustrisiko ermöglichen. Doch natürlich ist das Risiko nicht gleich Null, im folgenden Kapitel werden wir daher beleuchten, welche Vor- und welche Nachteile der Handel mit ETFs hat, welche Chancen er eröffnet und welche Risiken er birgt. Beginnen wir zunächst mit den Vorteilen.

VORTEILHAFTE EIGENSCHAFTEN VON ETFS

Gegenüber klassischen Fonds oder Einzelaktien bieten ETFs einige Vorteile. Gehen wir also kurz darauf ein, was einen ETF von anderen Börsenprodukten im positiven Sinne unterscheidet.

Passiv gemanagte Fonds

Nehmen wir also der Einfachheit halber an, dass ein Fonds den genauen Verlauf des Deutschen Aktienindexes (kurz: DAX) abbildet. Wenn der DAX an einem Handelstag um drei Prozentpunkte steigt, steigt auch der Wert des Indexes um drei Prozentpunkte an. Fällt der DAX um vier Prozent, verhält sich der Index entsprechend und verliert ebenfalls vier Prozent. Durch diese Abbildung des Kursverlaufs ist die Verwaltung dieser Indizes wesentlich einfacher als die eines aktiven Indexes, der eigene, unabhängige Kursschwankungen erlebt.

Nun fragen Sie sich vielleicht, warum Sie nicht gleich in den DAX investieren sollen, wenn doch der Index ohnehin nur ein Abbild der dortigen Kurse ist. Nun, die Antwort ist einfach. Der Kurs des DAX setzt sich aus den Kursen der dreißig wertvollsten deutschen Unternehmen zusammen. Um also tatsächlich auf den Kurs des DAX spekulieren zu können, müssten Sie von jedem dieser dreißig Unternehmen mindestens eine Aktie kaufen. Dies wäre zwar theoretisch möglich, würde aber einen enormen Aufwand von Kapital bedeuten oder einfacher gesagt: Es wäre schlicht zu teuer. Im Durchschnitt kosten die Aktien eines DAX-Unternehmens je nach aktuellem Kurs um die hundert Euro (Stand September 2020). Die finanzielle Einstiegshürde für das Investment in einen passiven Fonds, der den Verlauf des DAX abbildet, ist wesentlich niedriger.

Ein weiterer Vorteil, den ein solcher Indexfonds für Anleger*innen bietet, ist, dass er in der Regel stabiler ist als zum Beispiel eine eigenständige Aktie. Haben Sie in den vergangenen Wochen manchmal die Börsenkurse verfolgt oder die Überschriften im Wirtschaftsteil der großen Zeitungen gelesen? Falls ja, haben Sie mit Sicherheit von dem Skandal rund um die Firma Wirecard gehört, die mit gefälschten Bilanzen und irreführenden Angaben über das eigene Kapitalvermögen einen politischen Aufruhr erzeugt hat. Der Aktienkurs von Wirecard ist, seitdem bekannt ist, dass das Unternehmen offensichtlich fehlerhafte beziehungsweise bewusst falsche Zahlen vorgelegt hat, rapide gesunken.

Dies war in dieser Form zuvor nicht zu erwarten, der Kurs der Aktie zeigte bis dahin konstant nach oben, Wirecard galt unter Expert*innen und Anleger*innen lange Zeit als goldene Investition. Hätten Sie also Aktien von Wirecard gekauft, hätten Sie Ihr blaues Wunder erlebt. Ähnlich wäre es Ihnen als VW-Aktionär*in gegangen, als der Diesel-Skandal aufgedeckt wurde.

Auch Wirecard und VW sind im DAX verzeichnet. Dort ist das Unternehmen aber nur eines von dreißig, die neunundzwanzig anderen

Unternehmen sind unbeeindruckt von diesem Vorfall geblieben und haben ihre Kurse halten können. Wenn Sie also in einen Fonds investiert haben, der den Verlauf des gesamten DAX abbildet, haben Sie, wenn überhaupt, kleinere Verluste hinnehmen müssen. Es ist sehr unwahrscheinlich, dass der gesamte DAX einen enormen Kursverlust erleidet, der nicht vorherzusehen ist. Sogenannte Crashs, das heißt rapide Verluste und Kursabstiege an der Börse, haben im Normalfall einen Grund.

Dieser kann politischer Natur sein oder sich aus Entscheidungen innerhalb der Wirtschaft ergeben. Nach einem unerwarteten Wahlausgang zum Beispiel verlieren die Börsenkurse in der Regel zunächst. Würde hierzulande die Linkspartei bei der nächsten Bundestagswahl die absolute Mehrheit gewinnen, können Sie sich ziemlich sicher sein, dass die Börsenkurse fallen werden. Ebenso kann die Ankündigung eines großen Konzerns, zum Beispiel der Lufthansa oder VW, zu fallenden Kursen führen. Wenn der größte deutsche Luftfahrtkonzern beispielsweise ankündigt, Stellen streichen zu wollen, ist das zumeist ein Zeichen einer unbefriedigenden Unternehmensbilanz. Das sorgt für Unruhe an den Märkten, ebenso wie zum Beispiel die Aufdeckung des Abgasskandals rund um Volkswagen im Jahre 2015.

Halten wir also zunächst fest, dass passiv gemanagte Fonds in aller Regel Indexfonds sind, ihr Verlauf folgt dem Verlauf eines bestimmten Indexes. Es muss nicht immer der DAX sein, er ist der bekannteste, aber bei Weitem nicht der einzige Index an der Börse. Diese Indexfonds sind stabiler als einzelne Aktien, weil sie mehrere Unternehmen oder zum Beispiel auch Währungen unter einem Dach vereinen und daher nicht so stark von den Kursen einzelner Marktakteure sind.

Stellen Sie es sich einfach so vor: Wenn Sie sich einen neuen Kleiderschrank für Ihr Schlafzimmer gekauft haben und ihn gemeinsam mit einem Freund die Treppen des Hauses, bis zum vierten Stock hochtragen müssen, dann macht es sich natürlich schnell bemerkbar, wenn einer von Ihnen beiden schwächelt und nicht seine volle Kraft zum Tragen aufwenden kann. Wenn Sie aber zu viert sind, um den Schrank zu transportieren, können Sie das Schwächeln eines einzelnen Helfers relativ problemlos ausgleichen. Es wird wahrscheinlich schwerer, den Schrank nach oben zu transportieren, aber es ist nicht mehr unmöglich. Stabilität ist also ein wichtiges Kriterium bei der Auswahl der Investitionsmöglichkeiten. ETFs bieten allerdings noch weitere Vorteile.

Info: Indexfonds

Ursprünglich waren Indexfonds einmal die einzigen börsennotierten Fonds, mittlerweile gibt es aber auch einige aktiv gemanagte Fonds auf dem Börsenparkett. Die Idee, einen Fonds an die Börse zu bringen, der den Verlauf von Indizes nachbilden sollte, entstand um das Jahr 1970 in den USA. Der erste derartige Fonds wurde von der Firma *State Street Global Advisors* auf den Markt gebracht und ist bis heute der größte am Markt gehandelte ETF. Ein weiterer sehr bekannter ETF ist *Diamonds*, der sich am Verlauf des Dow Jones, den US-amerikanischen Pendants zum DAX orientiert, er ist vor allem in den USA sehr beliebt.

Täglich über die Börse gehandelt

ETFs werden in der Regel, wie auch Aktien, täglich an der Börse gehandelt. Dies ist auch sinnvoll, schließlich bilden ETFs Indizes ab, die wiederum ebenfalls täglich an der Börse gehandelt werden. In diesem Punkt unterscheiden sie sich von Investmentfonds. Diese werden normalerweise über die Fondsgesellschaft, also den Anbieter gehandelt und nicht über die Börse. Der Vorteil daran ist, dass sich ETFs somit schneller verkaufen, also schneller zu Geld machen lassen als herkömmliche Fonds. Wenn Sie einen Investmentfonds wieder verkaufen möchten, geht er zunächst an die Fondsgesellschaft zurück. Bis die Gutschrift der Gesellschaft auf Ihrem Konto ankommt, können gut und gerne ein paar Tage ins Land gehen. Bei ETFs hingegen erhalten Sie den Erlös direkt und unmittelbar.

RISIKEN

ETFs haben viele Vorteile, wie wir eben gelernt haben. Doch kein Finanzprodukt ist gänzlich ohne Nachteile. Deshalb sollten Sie auch bei ETFs ganz genau hinschauen, bevor Sie sich für eine Investition entscheiden.

Ein mögliches Risiko entsteht durch die Swaps. In unserem Fall liegt das Risiko darin, dass der Anbieter des ETFs zum Beispiel mit einer Bank eine Swap-Vereinbarung eingeht. Der ETF muss sich darauf verlassen können, dass die Bank ihren Verpflichtungen auch nachkommt, sollte die Bank bankrottgehen, ist das Geld der Anleger*innen, also in Ihrem Fall Ihr Geld, verloren.

Allerdings hat die EU dieses Risiko bereits vor einiger Zeit erkannt und Gesetze verabschiedet, die das Risiko minimieren. Der Wert der Swaps darf nämlich nur maximal zehn Prozent des gesamten Fondsvermögens betragen. Auf diese Weise ist sichergestellt, dass der Fonds nicht zu abhängig von einem einzelnen Swap-Partner, also zum Beispiel einer Bank, wird. Selbst wenn die Bank aus unserem Beispiel Konkurs gehen sollte, wäre die Existenz des ETFs dennoch gesichert, denn nur zehn Prozent seines Vermögens wurde durch die Bank garantiert. In den meisten Fällen achten die ETFs selbst darauf, dass der Wert der Swaps keinesfalls zehn Prozent des Vermögens übersteigt, meistens ist das Volumen kleiner (Verbraucherzentrale, 2018).

Ein weiteres Problem kann die möglicherweise herrschende Intransparenz für die Gebühren der Swap ETFs sein. Die ETFs schließen Swaps mit dem Mutterkonzern, ohne dass die Anleger*innen dies unbedingt mitbekommen müssen. Eventuell zahlen Sie somit Gebühren, die Sie eigentlich gar nicht zahlen müssten.

Diese Kritikpunkte müssen nicht zwangsläufig gegen den Kauf von Swap-ETFs sprechen! Sie sind hypothetischer Natur, das heißt, es ist noch lange nicht gesagt, dass Sie sich wirklich mit diesen Risiken auseinandersetzen müssen. Sie sollten nur schon einmal davon gehört haben, damit Sie im Hinterkopf behalten: *Auch ETFs sind nicht vollkommen risikofrei.*

Im Vergleich zu aktiv gemanagten Fonds schneiden ETFs aber wirklich gut ab, das bestätigt auch die Verbraucherzentrale (Verbraucherzentrale, 2018). Außerdem gelten die genannten Nachteile genauso auch für aktive Fonds. ETFs sind also tatsächlich eine gute Wahl, wenn Sie an der Börse investieren möchten, insbesondere für den Anfang.

	Vorteile	**Nachteile**
Synthetische ETFs	+ Sie bilden einen *Referenzindex* ab, das heißt, Sie können jederzeit nachvollziehen, wie sich der Kurs entwickelt (hohes Maß an Transparenz!) + Passives Management bedeutet keine hohen Kosten und Gebühren für die Verwaltung der Fonds + Sie werden täglich an der Börse gehandelt + Sie sind kostengünstig, keine Gebühren	- Minimales Restrisiko durch Kontrahenten-Risiko - eventuelle Intransparenz bei den Gebühren (daher genau informieren!)
Physische ETFs	+ Bilden einen Referenzindex ab, Sie können jederzeit nachvollziehen, wie sich der Kurs	- Sind teurer und kosten daher mehr Gebühren - Die Anleger*innen tragen das volle Risiko,

	entwickelt (hohes Maß an Transparenz!) + Passives Management bedeutet keine hohen Kosten und Gebühren für die Verwaltung der Fonds + Sie werden täglich an der Börse gehandelt + Sie bieten eine hohe Sicherheit	erhalten aber nicht die vollen Erträge. Die Kosten für die physische Abbildung werden auf die Anleger*innen umgewälzt.

BESONDERE VARIANTEN

An dieser Stelle sei ausdrücklich darauf hingewiesen, dass diese besonderen Varianten von ETFs sehr risikoreich sind! Sie sind also eher etwas für Profis und erfahrene Trader*innen. Ich möchte Ihnen an dieser Stelle dennoch nicht vorenthalten, dass es diese Möglichkeiten gibt. Möglicherweise möchten Sie, wenn Sie ein paar Jahre Erfahrung an der Börse gesammelt haben, einmal risikoreichere Geschäftsmodelle ausprobieren. Außerdem kann es nie schaden, die Begriffe grundsätzlich schon einmal gehört zu haben und zu wissen, was sich hinter ihnen verbirgt. Trotzdem betone ich noch einmal explizit, dass ich Ihnen diese beiden Varianten für Ihren Einstieg in die Welt des Börsenhandels nicht empfehlen möchte! Gehen Sie kein unnötiges Risiko beim Investieren ein, erst recht nicht zu Beginn!

Short ETFs

Short ETFs bewegen sich genau gegensätzlich zum Index. Wenn also der DAX etwa um drei Prozentpunkte fällt, steigt der Index des Short ETFs entsprechend um drei Prozent. Steigt der DAX um zwei Prozent, fällt der

Short ETF um zwei Prozent. Die Gewinne sind höher als bei klassischen ETFs, da die Wahrscheinlichkeit eines Gewinns geringer ist. Man wettet schließlich gegen den insgesamt ansteigenden Trend der Börsenkurse. Es ist ein wenig wie bei Sportwetten. Je unwahrscheinlicher ein Ereignis ist, desto höher ist der Gewinn, wenn es eintritt. Dass Arminia Bielefeld gegen Bayern München in der Fußballbundesliga gewinnt, ist überaus unwahrscheinlich. Wettet man also darauf und sollte dieses Ergebnis tatsächlich eintreten, hat man eine ganze Stange Geld verdient. Wettet man stattdessen auf den FC Bayern, ist die Wahrscheinlichkeit zu gewinnen sehr hoch, der ausgezahlte Betrag aber dementsprechend niedrig. Wahrscheinlich verliert man mit Short ETFs also Geld, falls nicht, sind die Gewinne aber verlockend.

Gehebelte ETFs

Die Funktionsweise des Hebels hatte ich bereits in den Begriffserklärungen ansatzweise erläutert. Er dient dazu, das Volumen des Kapitals zu erhöhen. Nehmen wir an, wir setzen auf einen ETF, der den DAX abbildet und nehmen einen Hebel von zwei hinzu. Steigt der DAX nun um zwei Prozent, steigt der Wert unseres ETFs um vier Prozent, steigt er um drei Prozent, wird unser ETF sechs Prozent wertvoller. Der Hebel kann theoretisch beliebig groß sein, auch Dreier- oder Viererhebel sind denkbar, Sie sollten aber stets bedenken, dass der Hebel nur geliehenes Geld ist, je größer der Hebel, desto höher die Gewinnchance, desto höher aber auch das Verlustrisiko.

Denn auch die Verluste werden gehebelt. Verliert der DAX um zwei Prozentpunkte, verliert unser ETF vier Prozent an Wert, wenn wir einen Zweierhebel angesetzt haben. Je größer der Hebel, desto höher ist die Verlustspanne, auch deshalb würde ich Ihnen vom Einsatz eines Hebels abraten. Sollte Ihr Kapital im Laufe der Jahre anwachsen und sollten Sie somit mehr Geld zur Verfügung haben, dessen Verlust Ihnen nicht unbedingt wehtun würde, können Sie den Hebel immer noch ausprobieren.

WAS WIR IN DIESEM KAPITEL GELERNT HABEN:

- ETFs sind passiv gemanagte Fonds. Sie sind effizienter als direkt verwaltete Fonds und sparen Kosten.
- Nachteile ergeben sich durch die sogenannten Swaps und mögliche Intransparenz. Diese soll jedoch möglichst vermieden werden, die EU hat entsprechende Gesetze erlassen.
- ETFs sind relativ risikoarme Finanzprodukte. Es gibt zwar risikoreichere Varianten, diese sind aber, insbesondere für Einsteiger*innen, nicht empfehlenswert.

Ihr Start an der Börse

„Das Geheimnis des erfolgreichen Börsengeschäftes
liegt darin, zu erkennen,
was der Durchschnittsbürger glaubt,
dass der Durchschnittsbürger tut".
(John Maynard Keynes)

STARTKAPITAL

Ohne Geld können Sie logischerweise nicht in den Börsenhandel einsteigen. Die Summe an Geld, die Ihnen zu Beginn Ihrer Aktivitäten zur Verfügung steht, nennt man auch Startkapital. In jedem Fall sollte genügend Startkapital vorhanden sein, um sinnvolle Transaktionen an der Börse durchführen zu können. Wichtig ist, dass Sie niemals Ihr gesamtes Geld als Startkapital einsetzen sollten. Schließlich brauchen Sie vermutlich auch in Ihrem Alltag zumindest ein bisschen Geld, um Lebensmittel einzukaufen, die Miete zu bezahlen oder mit Ihren Freunden und Freundinnen auszugehen.

Bilden Sie also zunächst ausreichende Rücklagen, bevor Sie mit dem Investieren beginnen. Je nachdem wie viel Geld Ihnen zur Verfügung steht, sollten Sie nicht mehr als die Hälfte Ihrer Rücklagen für den Börsenhandel verwenden. Sollten Sie unerwartet einmal mehr Geld übrig haben als geplant, so können Sie diesen Betrag natürlich auch vollständig investieren. Vorausgesetzt auf Ihrem Tagesgeldkonto liegen genügend Reserven.

Die Faustformel, die für Anleger*innen jeden Alters gilt ist: Setzen Sie niemals Geld an der Börse ein, dass Sie in den nächsten fünf bis zehn Jahren sicher brauchen werden. Wenn Sie sich an diesen Grundsatz halten, können Sie ziemlich sicher sein, dass Sie in der näheren Zukunft nicht in eine finanzielle Schieflage geraten werden. Und das muss auch jederzeit Ihr Ziel sein. Schließlich wollen Sie mit dem Börsenhandel Geld verdienen und nicht Ihr mühsam erspartes Kapital aufs Spiel setzen.

ANLAGESTRATEGIE: DIVERSIFIKATION

Es gibt verschiedene Anlagestrategien, die man beim Investieren an der Börse verfolgen kann. Ich möchte Ihnen an dieser Stelle noch einmal ausdrücklich die Diversifikation empfehlen! Diversifikation bedeutet dabei nichts anderes als Streuung, Sie legen also nicht alle Eier in einen Korb, sondern verteilen sie auf verschiedene.

Gerade dafür sind ETFs bestens geeignet, wir haben bereits gelernt, dass sie immer einen Index, das heißt mehrere Firmen, Unternehmen oder Märkte abbilden. Somit minimieren Sie Ihr Risiko. Je breiter gestreut, desto weniger Risiko, so einfach ist die Faustformel. Wenn Sie sich also für ETFs entscheiden, dann entscheiden Sie sich am besten für die Fonds mit der breitesten Streuung. Es sollten also möglichst viele Unternehmen oder Märkte in dem ETF abgebildet werden, bestenfalls sogar aus verschiedenen Branchen.

Daher ist auch eine Investition in ETFs, die den DAX nachbilden, nur bedingt zu empfehlen. Der DAX besteht nur aus 30 Konzernen, außerdem handelt es sich hauptsächlich um Konzerne aus dem Bankenwesen, der Auto- oder der Chemie- und Energieindustrie. Eine Streuung ist also nicht gegeben, obwohl ein DAX-naher ETF immer noch diversifizierter und damit sicherer ist als eine Einzelaktie eines DAX-Konzerns. Zudem beinhaltet der DAX einige Sorgenkinder, wie etwa die Deutsche Bank oder die Commerzbank, die immer wieder für negative Schlagzeilen sorgen. Ebenso verhält es sich mit Volkswagen oder zuletzt der Aktie von Wirecard. Der DAX ist zwar der bekannteste Index Deutschlands, ist aber für Anleger*innen dennoch mit Vorsicht zu genießen.

Ich möchte Ihnen, nachdem ich Ihnen im nächsten Kapitel unterschiedliche Varianten von ETFs vorstelle, acht konkrete Empfehlungen mit an die Hand geben. Die dort vorgestellten Produkte erfüllen das

Kriterium der Diversifikation ausgesprochen gut und sind auch ansonsten als Investition bestens geeignet. Behalten Sie zunächst also immer im Hinterkopf, dass Sie sich möglichst breit aufstellen sollten. Wählen Sie ETFs, die möglichst breit gefächerte Indizes abbilden! Möglichst viele verschiedene Unternehmen, möglichst viele verschiedene Branchen! Je diverser und je breiter Ihr Portfolio ist, desto besser!

WIE SIE SCHRITT FÜR SCHRITT IN ETFS INVESTIEREN

Schritt 1: Die Wahl des richtigen Brokers

Ein Broker führt in Ihrem Namen Transaktionen an der Börse durch, das heißt, er arbeitet mit Ihrem Geld. Daher sollten Sie unbedingt darauf achten, einen vertrauenswürdigen Broker auszuwählen, der mit seinen angebotenen Dienstleistungen und seiner Software optimal zu Ihren Vorstellungen und Bedürfnissen passt. Durch die hohe Anzahl von Anbietern auf dem Markt müssen Sie ziemlich vorsichtig sein und bei der Auswahl eines seriösen Brokers auf bestimmte Kriterien achten. Auf Internetbewertungen können Sie sich dabei kaum verlassen, diese sind oft sehr widersprüchlich und manche Anbieter kaufen sich falsche Bewertungen, um im Vergleich zur Konkurrenz besser dazustehen. So wie manche Profile auf sozialen Medien wie Facebook oder Instagram sich Zustimmung und Abonnent*innen kaufen. Es gibt zum Glück eindeutige Merkmale, anhand derer Sie seriöse Broker erkennen können.

Ein seriöser Broker wird über die zuständigen Behörden der Finanzaufsicht reguliert. Diese Regulierung ist entscheidend für die Sicherheit Ihrer Einlagen. Falls der Broker bankrottgehen sollte, ist Ihr Depot über die staatliche Einlagensicherung dennoch abgesichert. Sie verlieren also zumindest nicht Ihr Startkapital. Einem staatlich beaufsichtigten Broker können Sie somit problemlos vertrauen. Wenn Sie ausschließlich auf dem deutschen Finanzmarkt tätig werden wollen, können Sie sich bei der *Bundesanstalt für Finanzdienstleistungsaufsicht* (BaFin) über die Regulierung des Brokers erkundigen.

Als besonders streng gilt die britische Aufsichtsbehörde FCA (kurz für *Financial Conduct Authority*); ein Broker mit einer Zertifizierung der FCA ist als besonders vertrauenswürdig anzusehen. Die FCA ist zuständig für Broker, die ihren Hauptsitz im Vereinigten Königreich haben, in aller Regel ist der Firmensitz in London, einem der größten und wichtigsten Finanzplätze der Welt (Financial Conduct Authority, 2016).

Seriöse Broker teilen Ihnen von Anfang an offen mit, dass sie Gebühren für ihre Arbeit verlangen. Gebührenfreie Anbieter gibt es, nach aktuellem Stand (September 2020) nicht. Sie sollten also skeptisch werden, wenn Ihr Broker Sie nicht über anfallende Kosten informiert. Achten Sie auch auf versteckte Kosten und Gebühren. Schauen Sie daher regelmäßig ins Preisverzeichnis und überprüfen Sie, ob die Kosten, die Ihr Broker Ihnen berechnet, angemessen sind. Seriöse Broker sollten beispielsweise keine Depotführungskosten von Ihnen verlangen.

Checkliste für die Wahl des richtigen Brokers:

- ❒ Ist er über die Finanzaufsicht reguliert?
- ❒ Hat er seinen Sitz in einem europäischen Staat?
- ❒ Informiert er transparent und ehrlich über anfallende Kosten?
- ❒ Sind die im Preisverzeichnis aufgeführten Kosten angemessen (unbedingt vergleichen!)
- ❒ Erhebt er ausschließlich sinnvolle Kosten und Gebühren?
- ❒ Bietet der Broker die für mich passenden Produkte (ETFs) an?
- ❒ Ist der Service gut? Kann man die zuständige Firma bei Fragen schnell erreichen?

Wenn ein Broker all diese Voraussetzungen erfüllt, können Sie sich ziemlich sicher sein, einen seriösen und für Ihre Bedürfnisse passenden Anbieter gefunden zu haben.

Wechsel des Brokers

Vielleicht stellt sich nach einiger Zeit heraus, dass Sie trotz gewissenhafter Prüfung dieser Kriterien den falschen Broker gewählt haben. Oder Sie haben den Fehler gemacht und bereits einen Broker ausgewählt, bevor Sie dieses Buch gelesen haben. Das ist ohne Zweifel ärgerlich, aber kein Grund zur Sorge. Ihre Entscheidung ist nicht in Stein gemeißelt. Mittlerweile ist es nämlich sogar relativ einfach, den Broker zu wechseln.

Im Normalfall bietet jeder Broker ein vorgefertigtes Formular an, mit dem der Wechsel innerhalb kurzer Zeit vollzogen werden kann. Es findet ein Depotübertrag statt, das bedeutet, dass Ihr Depot nicht aufgelöst, sondern direkt an den neuen Broker übertragen wird. Insbesondere beim Wechsel zu einem inländischen Broker tauchen dabei keinerlei Probleme auf. Wenn Sie also von einem Broker mit Sitz in Deutschland zu einem anderen Broker mit Sitz in Deutschland wechseln, kann Ihnen im Grunde nichts passieren.

Bei einem Wechsel zu einem ausländischen Broker müssen Sie ein wenig vorsichtiger sein. Dort kann es unter Umständen Schwierigkeiten bei der Übertragung des Depots geben, weil die Datenübermittlung im Gegensatz zu einem innerdeutschen Wechsel nicht automatisiert abläuft. Achten Sie also darauf, dass Sie gegebenenfalls einen Antrag stellen müssen.

Schritt 2: Sparplan

Sparpläne sind eine gute Möglichkeit, um flexibel mit dem Aufbau einer langfristigen Investition zu beginnen. Daher möchte ich Ihnen dringend empfehlen, einen Sparplan auszuarbeiten! Schauen wir uns also gemeinsam an, worauf es beim Erarbeiten eines Sparplans für Ihr erstes Investment in ETFs ankommt.

Den großen Vorteil der ETFs haben wir bereits besprochen. Wir streuen das Risiko auf viele verschiedene Firmen, obwohl wir nur einen einzigen ETF kaufen. Diese Art der Risikostreuung nennt man in der Fachsprache auch Diversifikation. Dazu möchte ich Ihnen an späterer Stelle noch ein paar ausführliche Tipps geben.

Der Vorteil eines Sparplans ist, dass Sie in festgelegten, *regelmäßigen* Abständen in ETFs investieren können. Diese Abstände sind nämlich automatisiert. Sie können die Zeitpunkte selbst bestimmen, an denen ein neues Investment getätigt werden soll. Dies kann monatlich, vierteljährlich, halbjährlich oder auch nur einmal im Jahr sein. Natürlich können Sie den Sparplan auch so ausrichten, dass wöchentlich neue ETFs hinzugenommen werden, doch davon würde ich Ihnen an dieser Stelle abraten. Lieber nichts überstürzen und am Anfang nicht zu viel kaufen. Sie können die Zeitspanne nachträglich jederzeit ändern.

Die Investitionssummen sind sehr niedrig, der Sparplan ist also ideal für Einsteiger*innen. Schon mit 25 Euro im Monat sind Sie dabei und können mit dem Besparen der ETFs anfangen. Auch bietet der Sparplan eine gewisse Struktur. Wir hatten uns eingangs mit den Mythen rund um die Börse beschäftigt. Oftmals haben wir das Bild von hektisch hin und her laufenden Anleger*innen im Kopf, von Brokern, die aufgebracht und ziellos auf dem Parkett herumlaufen. Diese Hektik können Sie sich getrost sparen. Der Sparplan sorgt dafür, dass Ihr Investment alles andere als unorganisiert und chaotisch abläuft. Mit dem Sparplan kosten Sie Ihre ETFs keinerlei Nerven. Sie haben Planungssicherheit und wissen genau, zu welchem Zeitpunkt welche Transaktion terminiert ist.

Außerdem sparen Sie sich die Zeit, sich jeden Tag oder jeden Monat mit neuen Finanzprodukten auseinandersetzen zu müssen. Sie suchen sich zu Beginn Ihrer Tätigkeit an der Börse ein Produkt aus, stellen einen Sparplan auf und ab diesem Zeitpunkt läuft alles automatisch und Sie brauchen sich keine negativen Gedanken mehr zu machen. Sie besparen einfach immer weiter kontinuierlich Ihren ETF.

ETFs sind langfristige Anlagen! Sie tun sich keinen Gefallen, wenn Sie ständig überlegen, ob Sie nun weiterhin in den ETF investieren sollen oder ob Sie Ihre Anteile nicht doch lieber verkaufen sollten. Die Erfahrung zeigt: Über einen längeren Zeitraum betrachtet, lohnen sich ETFs in aller Regel. Sie steigen zwar nicht kontinuierlich jeden Monat, es mag Ausschläge nach oben wie auch nach unten geben, aber über mehrere Jahre hinweg gesehen, machen Sie mit ETFs sehr wahrscheinlich ein gutes Geschäft.

Stehen Sie zu Ihrer Investition und halten Sie die Position, auch in schwierigen Zeiten. Der Vertrag, den Sie beim Kauf Ihres ETFs eingehen, sollte also im Idealfall fast wie ein Eheversprechen klingen: In guten wie in schlechten Zeiten. Denn wie bei einer guten Ehe auch werden die guten Zeiten klar und deutlich die Überhand gewinnen.

Zuletzt ist es zweifelsfrei wichtig, auf die Kosten der jeweiligen Sparpläne zu achten. Manche Sparpläne sind kostenpflichtig, allerdings wäre es doch ärgerlich, wenn die Kosten am Ende die Rendite auffressen würden. Anbieter wie com.direct oder flatex bieten kostenlose ETF-Sparpläne an. Mit einem kostenlosen Sparplan sparen Sie sich also die Kosten, die sonst immer anfallen, wenn Sie neue ETFs kaufen, nämlich die Transaktionskosten.

Die Vorteile des Sparplans auf den Punkt:

- *Automatisierter Ablauf.* Sie brauchen sich nicht ständig Gedanken zu machen, wann Sie am besten handeln sollen, um den Verlauf des Marktes exakt zu nutzen. Ist der Sparplan einmal aufgestellt, läuft alles wie von selbst.
- *Niedrige Investitionssumme.* Sie benötigen kein Vermögen, um mit dem Besparen anzufangen. Schon ab 25 Euro können Sie loslegen, perfekt für Einsteiger*innen geeignet.
- *Kostet kein Geld.* Mit einem kostenlosen Sparplan sparen Sie Geld. Wenn Sie ETFs kaufen, fallen normalerweise Transaktionskosten an. Diese fallen bei kostenlosen Sparplan-Angeboten weg.
- *Kostet keine Nerven.* Es ist unfassbar anstrengend, sich ständig mit

den eigenen Investitionen auseinandersetzen zu müssen. Sparen Sie sich die Nerven.

- *Kontinuierlich.* Ist der Sparplan erst einmal aufgestellt, läuft er kontinuierlich, das heißt gleichmäßig. Sie erleben keine bösen Überraschungen.
- *Langfristig.* Langfristigkeit lohnt sich im Falle von ETFs. Beginnen Sie frühzeitig mit dem Investieren und Sie werden nach zehn Jahren oder mehr sehen, dass Sie damals ein gutes Geschäft gemacht haben und dass es sich gelohnt hat, nicht zu lange zu warten.
- *Flexibel.* Sparpläne sind flexibel. Sie können sie gegebenenfalls abändern oder veränderten Bedingungen anpassen, zum Beispiel, falls Sie Rebalancing betreiben möchten (*siehe Erklärungen zu Rebalancing*).

Wenn Sie in etwa die angesprochenen 25 bis 50 Euro monatlich zur Verfügung haben, ergibt es Sinn, einen ETF auszuwählen und zu besparen. Welche ETFs dabei sinnvoll sind, möchte ich Ihnen im nächsten Kapitel detaillierter erklären. Wenn Sie mehr Startkapital zur Verfügung haben, können Sie Ihr Geld selbstredend auch in zwei ETF-Sparpläne aufteilen. Dies sorgt für noch eine noch größere Diversifikation, also für ein noch geringeres Risiko. Allerdings ergibt das Aufteilen des Kapitals auf mehrere Sparpläne erst dann wirklich Sinn, wenn Sie stetig mehr Geld zur freien Verfügung haben, also etwa 100 Euro im Monat. Denken Sie daran, es sollte sich keineswegs um Geld handeln, das Sie an anderer Stelle benötigen.

Ihre Vorgehensweise bei der Erstellung eines Sparplans:

- Arbeiten Sie zunächst einen Sparplan aus!
- Vertrauen Sie auf Ihr Investment!
- Lassen Sie sich durch kurzfristige Schwankungen nicht aus der Ruhe bringen!

- Besparen Sie den ETF über einen Zeitraum von zehn Jahren oder länger!
- Passen Sie Ihren Sparplan gegebenenfalls an, falls sich die Rahmenbedingungen ändern sollten!

Info: Cost Average Effect

Der Cost Average Effekt, englisch für: *Durchschnittskosteneffekt,* bietet Ihnen die Möglichkeit, auch beim langfristigen Sparen von Kursschwankungen zu profitieren. Nicht immer lohnt es sich, auf diesen Effekt zu setzen, manchmal kann es aber in der Tat lohnend sein. Schauen wir uns zunächst einmal an, worum es sich beim Cost Average Effekt überhaupt handelt. Am besten betrachten wir uns dazu zunächst ein Beispiel:

Rechenbeispiel:

Nehmen wir an, Sie investieren 100 Euro pro Monat in einen Sparplan. Der ETF, in den investiert wird, unterliegt gewissen Schwankungen, da auch der abgebildete Index schwankt. Nehmen wir an, der Ausgangswert des ETFs liegt ebenfalls bei 100 Euro, das heißt, Sie bekommen genau einen Anteil für Ihre investierten 100 Euro. Nun steigt der Kurs im nächsten Monat auf 200 Euro an, was einer extremen Steigerung entspricht. Es ist nicht unbedingt zu erwarten, dass der Kurs derartig stark steigt, aber zur Veranschaulichung eignet sich dieses extreme Beispiel gut. Sie bekommen also für Ihr Investment von 100 Euro bloß noch einen halben Anteil, da ein Anteil nun 200 Euro wert wäre. Stellen wir uns vor, dass der Wert des ETFs im Folgemonat stark sinkt, zunächst auf einen Wert von 100 Euro, wie zu Beginn. Sie erhalten einen Anteil. Dann, einen Monat darauf, fällt der Kurs weiter, auf einen Wert von 50 Euro. Stand jetzt würden Sie zwei Anteile für Ihre 100 Euro erhalten. Nach diesem Tiefpunkt steigt der Kurs wieder, der Ausgangswert von 100 Euro wird wieder erreicht. Sie erhalten einen Anteil.

Rechnen wir also für diese fünf Monate: (100+50+100+200+100) =

550 Euro. Sie haben nun **550** Euro zur Verfügung. Allerdings haben Sie in diesen fünf Monaten doch bloß 5*100 = **500** Euro investiert. Sie haben also, allein durch den Cost Average Effekt **50 Euro Gewinn** erzielt.

Sie sehen folglich, dass es Sinn ergibt, zum Durchschnittspreis zu kaufen, deshalb auch Durchschnittskosteneffekt. Außerdem verdeutlicht der Effekt noch einmal die Sinnhaftigkeit eines Sparplans. Wenn Sie das gesamte Geld auf einmal investieren, können Sie Pech haben und genau den Zeitpunkt erwischen, in dem Sie nur einen halben Anteil für Ihr Geld erwerben können. Langfristig verteilt, profitieren Sie aber selbst von den Schwankungen. Deshalb erneut der Hinweis: Langfristig investieren lohnt sich!

An dieser Stelle auch nochmals der Hinweis: Wählen Sie, wenn möglich, einen kostenlosen Anbieter für monatliches Sparen. Manche Anbieter verlangen Gebühren dafür, dann wird der schöne Gewinn durch den Durchschnittskosteneffekt von den Gebühren wieder aufgefressen. Informieren Sie sich also über die Kosten der Anbieter. Bei monatlichem Sparen sollten die Kosten zudem keinesfalls höher sein als bei einer einmaligen Anlage. Denn gerade das monatliche Sparen lohnt sich für Sie zu Beginn (Finanzfluss, Cost Average Effekt - einfach erklärt! Mehr Rendite beim Sparen. Finanzlexikon, 2016).

Schritt 3: Rebalancing

In Zeiten eines unruhigen Marktes kommt es häufig zu Schwankungen an den Börsen. Damit Sie diesen Schwankungen gelassen gegenüberstehen können, möchte ich Ihnen an der Stelle das *Rebalancing* erklären. Rebalancing ist Englisch und bedeutet nichts anderes, als *wieder ausgleichen, ins Gleichgewicht bringen*.

Manche ETFs reagieren auf Krisen oder bestimmte Meldungen aus dem Kreis der Politik oder der Wirtschaft extremer, andere zeigen sich ziemlich unbeeindruckt. Das bedeutet auch, dass in unruhigen Zeiten manche ETFs eher im Wert sinken, andere aber konstant bleiben. Aus diesem Grund empfiehlt es sich, regelmäßig Rebalancing zu betreiben. Vorausgesetzt natürlich, Sie haben in verschiedene ETFs investiert. Wenn Sie nur einen ETF besparen, gibt es schließlich auch nichts auszugleichen. Wenn Sie aber mehrere ETFs parallel laufen haben, sollten Sie den folgenden Abschnitt unbedingt lesen.

Um die Balance zu halten, können Sie zum Beispiel einen Anteil von den ETFs, die besonders erfolgreich waren, verkaufen. So kommen Sie an Geld, welches Sie nutzen können, um die Verluste der weniger erfolgreichen ETFs auszugleichen. Dies mag zunächst verwundern, da der Mensch dazu neigt, seine Gewinne weiterlaufen zu lassen und seine verlustreichen Positionen im Zweifel zu verkaufen und nicht etwa auszugleichen. Die Erfahrung zeigt jedoch, dass das nicht unbedingt die beste Variante ist. Rebalancing lohnt sich!

Die Vorteile des Rebalancing auf den Punkt:

- Rebalancing erhöht die Rendite. ETFs, die in der Vergangenheit schlecht gelaufen sind, laufen in Zukunft sehr wahrscheinlich wieder besser. Produkte, die sehr gut laufen, wenden wahrscheinlich auch wieder eine Tiefphase erleben. Das liegt an der sogenannten *Regression zum Mittelwert.* Statistiker*innen haben herausgefunden, dass sich die Werte von Finanzprodukten über einen langen Zeitraum hinweg tendenziell immer zu ihrem Mittelwert bewegen. Trotz großer Ausschläge nach oben oder unten pendelt sich der Wert am Ende in der Mitte ein. Noch ein Grund übrigens, warum Sie möglichst langfristig investieren sollten.
- Das Risiko bleibt gleich. Wenn Sie Ihr Kapital, also Ihr Geld, aus den weniger erfolgreichen ETFs abziehen und es auf die erfolgreicheren ETFs aufschlagen, erhöht sich Ihr Gesamtrisiko. Wieso? Weil Sie so eine geringere Streuung in Ihrem Portfolio haben. Und eine geringere Streuung bedeutet ein höheres Risiko. Wenn der gut laufende

ETF gemäß der Statistik wieder zum Mittelwert tendiert, haben Sie einen Verlust gemacht, den Sie nicht mehr ausgleichen können.

Auf der Webseite von finanzfluss.de finden Sie zum Beispiel einen eigenen Rebalancing-Rechner. Mit dessen Hilfe können Sie das Gleichgewicht in Ihrem Portfolio einfach wiederherstellen. Sie geben einfach die Werte Ihrer verschiedenen Positionen ein und lassen sich im Anschluss daran berechnen, wie Sie am besten und am schnellsten Rebalancing betrieben können. Sie finden den Rechner unter der Adresse *www.finanzfluss.de/geldanlage/rebalancing*.

Wenn Sie Rebalancing betreiben möchten, kommt auch Ihr Sparplan wieder ins Spiel. Die meisten Sparpläne sind flexibel, das heißt, Sie können kostenlos und ohne großen Aufwand Ihren Sparplan ändern, sodass Sie bereits einen Ausgleich geschaffen, das Gleichgewicht also wieder hergestellt haben. Es kommt dabei nicht auf ein paar wenige Prozentpunkte an, aber das Gleichgewicht innerhalb Ihres Portfolios sollte in etwa stimmen. Grundsätzlich empfehle ich Ihnen, einmal im Jahr zu rebalancen, es sei denn, im Laufe des Jahres haben sich große Ungleichgewichte in Ihr Portfolio eingeschlichen. Dann sollten Sie unter Umständen schon vorher versuchen, einen Ausgleich zu schaffen.

Info Psychologie

Seien Sie sich dessen stets bewusst, dass sich auf dem Börsenparkett vieles nur unter psychologischen Gesichtspunkten verstehen lässt. Nicht nur Wirtschaftswissenschaftler*innen oder gelernte Kaufleute blicken an der Börse durch, auch ein Psychologe oder eine Psychologin können Ihnen einiges über den Finanzmarkt erklären. Martin Weber lehrt an der Universität Mannheim und beschäftigt sich dort mit dem menschlichen Verhalten an der Börse. In einem Gespräch mit dem Manager Magazin erklärt er, wie sich die Menschen an der Börse oftmals verhalten.

Investor*innen seien oft von zwei wesentlichen Emotionen

getrieben, die häufig zu Fehlverhalten führten: Angst und Gier. Diese starken Emotionen führten dazu, dass Anleger*innen sich oft nicht rational verhielten. Dies sei aber ein großer Fehler. Diesen Fehler sollten Sie möglichst nicht begehen, lassen Sie sich nicht irritieren, lassen Sie sich nicht von Ihren Emotionen treiben. Halten Sie es auch einmal aus, wenn Ihr ETF oder Ihr gesamtes Portfolio an Wert verliert und kurzzeitig in die roten Zahlen abdriftet. Wenn Sie eine langfristige Anlagestrategie verfolgen, wird das immer wieder vorkommen. Geraten Sie deshalb nicht in Panik, langfristig werden Sie sehr wahrscheinlich gewinnen.

Die größte Schwäche, erklärt Weber, sei die Selbstüberschätzung. Insbesondere männliche Anleger würden dazu neigen, alles besser wissen zu wollen. Hier lässt sich also die Gier feststellen, die sich bei vielen Anlegern einstellt. Sie wollten immer mehr Gewinne erzielen und das in möglichst kurzer Zeit. Selbst, wenn alle notwendigen Daten und Fakten auf dem Tisch lägen, vermuteten sie, ein besonders gutes Gespür oder besonders viel Ahnung zu haben.

Dabei empfiehlt es sich grundsätzlich immer, sich an die Faktenlage zu halten. In einem eigenen Bonuskapitel werde ich Ihnen daher später noch die sehr analytische und faktenbasierte Methode der Fundamentalanalyse näher bringen. Überstürzt zu handeln ist oft ein großer Fehler, den die Gier verursacht. An der Börse zu investieren bedeutet auch Geduld und ein gutes Sitzfleisch! Nachhaltiger Erfolg stellt sich nicht von heute auf morgen ein. Kurzfristiger Erfolg kann sich schnell einstellen, doch er ist genauso schnell wieder verflogen.

„Glück, ein klares Konzept – und ein paar simple Verhaltensregeln" (Lange, 2015) brauche es laut Weber, um an der Börse erfolgreich zu sein. Machen Sie sich also frei von Furcht und Gier! Wenn es gut läuft, sollten Sie sich darüber freuen und nicht noch mehr Geld vor Augen haben. Nehmen Sie die Gewinne dankbar entgegen und ärgern Sie sich nicht darüber, dass sie nicht noch höher ausgefallen sind. Haben Sie im

Gegenzug aber auch keine zu große Angst vor Verlusten oder davor, Chancen zu verpassen, auf dem Markt ein- oder auszusteigen. Denn auch Angst treibt Sie zu unüberlegten Handlungen.

Gerade deswegen sollten Sie immer nur mit dem Geld an die Börse gehen, dass Sie nicht zum Leben brauchen. Natürlich ärgert man sich trotzdem, wenn man Geld verliert, ebenso wie beim Lotto Spielen oder bei Sportwetten, wo man selbstredend auch lieber gewinnt als verliert. Aber es ist nicht lebensbedrohlich, wenn man einmal einen Verlust erleidet oder einen Gewinn verpasst. Wenn Sie mit dieser Einstellung an die Sache herangehen, sind Sie direkt viel gelassener. Dennoch sollten Sie bestenfalls kein Lotto spielen, das Geld wäre in ETFs deutlich sinnvoller investiert.

Überlegen Sie nicht im Nachhinein, welche Chancen Sie angeblich verpasst haben oder was Sie alles hätten tun können, um jetzt noch erfolgreicher dazustehen. Wer vor sechzig Jahren Coca-Cola-Aktien gekauft hätte oder vor fünfzehn Jahren Apple-Aktien, wäre heute Milliardär. Martin Weber rückt diese Gedankenspiele im angesprochenen Interview aber wieder gerade: „Vor 50, zehn oder acht Jahren hätte man auch zahllose Aktien von Unternehmen kaufen können, die heute pleite sind“ (Lange, 2015). Denken Sie immer daran: Jeder Gewinn, so klein er auch sein mag, ist ein Erfolg!

WAS WIR IN DIESEM KAPITEL GELERNT HABEN:

- Beim Einstieg in das Geschäft an der Börse gibt es einiges zu beachten. Legen Sie zunächst Ihr Startkapital fest, also die Summe, die Sie bereit zu investieren sind und die Sie, im Falle eines Verlusts, verschmerzen könnten.
- Versuchen Sie, sich möglichst breit aufzustellen. Diversifikation lautet dabei der entscheidende Begriff.
- Wählen Sie den richtigen Broker aus, der eine gute Software und die

für Sie passenden Angebote bereitstellt. Achten Sie darauf, dass Sie einen seriösen Broker ohne zusätzliche Kosten wählen.

- Legen Sie sich einen Sparplan zurecht. Sie investieren damit langfristig und kontinuierlich. Sie können einen oder auch mehrere ETFs mit dem Plan besparen. Wichtig ist, dass Sie den Plan einmal entwickeln und danach nicht ständig wieder über den Haufen werfen. Vertrauen Sie dem Plan, den Sie gemacht haben, ansonsten war es wahrscheinlich nicht der richtige. Sie werden auf lange Sicht sehr wahrscheinlich Gewinne erzielen und profitieren dabei zusätzlich vom *Coast Average Effekt*.
- Betreiben Sie Rebalancing, wenn Sie mehrere ETFs gleichzeitig besparen. Gleichen Sie somit Gewinne und Verluste innerhalb Ihres Portfolios aus.
- Die Psychologie spielt beim Investieren eine wichtige Rolle. Angst und Panik sind keine guten Ratgeber, lassen Sie sich nicht von ihnen bestimmen. Gehen Sie geduldig vor und lassen Sie sich nicht von Ihren ersten Impulsen leiten. Sie werden sehen, die Geduld und Ruhe werden sich über kurz oder lang auszahlen.

Welche ETFs soll ich kaufen?

„Nicht der Preis, sondern der Wert einer Anlage ist maßgeblich".
(Warren Buffett)

THESAURIEREND ODER AUSSCHÜTTEND?

Es gibt zwei unterschiedliche Varianten, wie Ihre Gewinne aus der Investition in ETFs verwaltet werden können. Man unterscheidet zwischen thesaurierenden und ausschüttenden ETFs. Beide Varianten bieten Vor- und Nachteile, Sie sollten sich im besten Fall für eine der beiden Varianten entscheiden, bevor Sie mit Ihrer Investition beginnen. Schließlich kann die Entscheidung für eine der beiden Varianten bereits ein Kriterium sein, einen bestimmten ETF zu kaufen oder auch nicht.

Thesaurierend

Der Begriff Thesaurierung bedeutet, dass die von Ihnen erwirtschafteten Gewinne nicht ausgegeben oder ausgeschüttet werden. Sie verbleiben zunächst bei der Gesellschaft, die den ETF verwaltet. Die Gewinne werden vielmehr wieder angelegt, also weiter investiert. Das griechische Wort, aus dem sich der Begriff thesaurierend ableitet, ist *thesauros*, was so viel wie Schatzhaus bedeutet. Dieser Begriff beschreibt es ziemlich treffend. Ihre Anteile des gewinnbringenden ETFs werden Ihnen nicht direkt ausgezahlt, sondern bleiben erst einmal im Schatzhaus.

Man spricht bei thesaurierenden ETFs auch von einer Re-Investition. Nehmen wir an, Sie hätten 200 Euro an Gewinn mit Ihrem Investment erzielt, weil der Wert des Indexes, den Ihr ETF abbildet, gestiegen ist. Nun werden diese 200 Euro im selben ETF neu angelegt. Dadurch steigt aber auch der Wert des ETF insgesamt, dementsprechend ist Ihr Anteil am Fonds auch mehr wert. Wenn der Fonds insgesamt einen Wert von 20.000 Euro hatte, so hat er nun einen Wert von 20.200 Euro, Ihr prozentualer Anteil am ETF ist mehr wert. Dazu ein kurzes Rechenbeispiel.

Rechenbeispiel:

Sie haben 200 Euro in einen ETF investiert, Sie sind aber natürlich nicht der oder die einzige Anleger*in. Auch viele andere Anleger*innen haben eine gewisse Summe in den ETF investiert. Sie besitzen also alle, wie Sie auch, einen bestimmten Anteil am Vermögen des Fonds. Sagen wir, der ETF ist 20.000 Euro Wert, Sie besitzen also mit Ihrem Investment ein Prozent des Fondsvermögens. Nun erhöht sich der Wert des Fonds aber auf 22.000 Euro, das heißt, Ihr eines Prozent Anteil ist nicht mehr 200, sondern 220 Euro wert. Wenn sich der Wert des Fonds erhöht, profitieren also alle Anleger*innen davon.

Thesaurierende ETFs eignen sich besonders für langfristige Anlagen, die ich Ihnen, wie bereits mehrfach erwähnt, für den Einstieg wärmstens empfehlen würde. Bei diesem Modell fallen keine Gebühren an und Sie profitieren vom Zinseszinseffekt (siehe Kapitel „Warum sich langfristiges Investieren lohnt"). Auch führt der Fonds die Steuern für die erwirtschafteten Erträge, sofern überhaupt Steuern anfallen sollten, direkt ab, Sie müssen sich bei Ihrer nächsten Steuererklärung also nicht damit herumärgern.

Vielleicht fragen Sie sich, wie Sie denn überhaupt an Ihre Gewinne herankommen, wenn der Gewinn doch immer wieder von der Fondsgesellschaft eingesetzt wird. Bei thesaurierenden ETFs erzielen Sie Ihre Gewinne tatsächlich durch den Verkauf Ihrer Anteile. Wenn diese kontinuierlich im Wert gestiegen sind, können Sie sie an andere Anleger*innen verkaufen und haben ein Vielfaches Ihrer ursprünglichen Investition wieder eingenommen. Möchten Sie Ihr Geld lieber auf direktem Wege, dann gibt es für Sie noch eine zweite Option (Finanzen100, 2020).

Ausschüttend

In diesem Fall ist der Name direkt deutlicher und verständlicher. Die im Anlagezeitraum erzielten Gewinne, die sogenannte Dividende, werden ausgeschüttet. Stellen Sie es sich ruhig bildlich vor, die Fondsgesellschaft steckt die erwirtschafteten 200 Euro in einen Beutel und schüttet diesen dann über Ihnen aus. Sie bekommen das Geld de facto ausgezahlt, wie etwa einen Lohn vom Arbeitgeber.

Wenn Sie also bevorzugen, regelmäßig Ihr Geld ausgezahlt zu bekommen, oder Sie vielleicht regelmäßig Geld brauchen, um sich etwas Teureres leisten zu können, eignet sich diese Art der Gewinnverwaltung natürlich besser für Sie. Außerdem müssen Sie sich über eventuelle Steuern oder Gebühren keine Gedanken machen. Wenn der Anbieter des Fonds seinen Sitz in Deutschland hat, führt er Steuern und Gebühren automatisch ab, Sie bekommen den Nettobetrag, also den Betrag nach Abzug von Steuern, ausgezahlt und haben keinen weiteren Aufwand mit den Finanzbehörden.

Sitzt der Anbieter der ETFs im Ausland, ist es etwas komplizierter, denn in diesem Fall müssen Sie Ihre Gewinne tatsächlich bei der Steuererklärung angeben. Wichtig ist also nicht nur, ob ein ETF ausschüttend oder thesaurierend ist, sondern auch, in welchem Staat er seinen Hauptsitz hat (Finanzen100, 2020).

GESAMTKOSTENQUOTE: TER

Ein weiterer Faktor, den Sie bei Ihrer Auswahl des richtigen ETFs beachten sollten, ist die Gesamtkostenquote. Diese wird oft auch mit dem englischen Begriff *Total Expense Ratio* (kurz: TER) bezeichnet. Die TER beschreibt die Höhe der Verwaltungsgebühren und sonstigen Kosten eines ETFs, meistens in einer Prozentzahl. Wenn Sie sich also einen ETF anschauen und die TER wird mit 0,50 Prozent angegeben, bedeutet dies, dass für ein Investment in Höhe von 100 Euro Gebühren von 50 Cent anfallen. Bei einem Investment von 500 Euro wären es dementsprechend 2,50 Euro. Die Prozentzahl bezieht sich immer auf die Summe des getätigten Investments (ARD.de, 2020).

Normalerweise gibt es keine großen Unterschiede zwischen den gängigen ETFs, was die TER anbelangt. Sie liegt in der Regel etwa zwischen 0,15 und 0,5 Prozent. Trotzdem sollten Sie bei der Auswahl Ihrer ETFs auf die TER achten, denn warum sollten Sie mehr Geld ausgeben als unbedingt nötig, selbst wenn es sich nur um Centbeträge handelt? Je nach Inhalt des ETFs, also je nachdem, welcher Index durch ihn abgebildet wird, kann die TER auch variieren. Informieren Sie sich über die üblichen Gebühren und vergleichen Sie die Anbieter. Je mehr Geld Sie investieren möchten, desto interessanter ist die TER für die Zusammenstellung Ihres Portfolios.

TRACKING-DIFFERENZ

Die Tracking-Differenz wird auch als Abbildungsdifferenz bezeichnet. Sie beschreibt die Differenz zwischen dem Ertrag des ETFs und dem Ertrag des Indexes, den der ETF abbildet. Wir haben bereits gelernt, dass es das Ziel des passiven Managements ist, den Index möglichst maßgetreu abzubilden. Durch die TER, also die Verwaltungsgebühren, die den Anleger*innen abgezogen werden, ist der Ertrag aus dem ETF aber nie exakt so hoch, wie der Ertrag des Indexes.

Eine große Tracking-Differenz spricht also *gegen* einen ETF, sie bedeutet nichts anderes, als dass eine größere Summe Geld von Ihrem tatsächlichen Ertrag abgezogen wird. Eine niedrige Tracking-Differenz ist positiv zu beurteilen, da sie geringe Abzugskosten bedeutet und den Index relativ gut abbildet. Informieren Sie sich also über die Tracking-Differenz, bevor Sie sich für einen ETF entscheiden. Im Idealfall hat der ETF eine negative Tracking-Differenz, das bedeutet, dass er sich besser entwickelt hat als der ursprüngliche Index. Trotz TER ist er also rentabler als das Original, um es etwas vereinfacht auszudrücken.

Sollten Sie einen solchen ETF finden, sollten Sie auf alle Fälle eine Investition in Erwägung ziehen.

Merke:
Die Tracking-Differenz wird als Zahl angegeben. Je näher diese Zahl an Null ist, desto besser wird der Index abgebildet, desto vorteilhafter ist es auch für Sie und Ihre Rendite. Die Tracking-Differenz wird durch die einfache Formel Wertentwicklung (Index) – Wertentwicklung (ETF) berechnet (ExtraETF, 2020).

CHECKLISTE FÜR DIE AUSWAHL DER RICHTIGEN ETFS

- ❒ Bin ich mir im Klaren darüber, was der Unterschied zwischen thesaurierenden und ausschüttenden ETFs ist?
- ❒ Habe ich mir klargemacht, welche der beiden Varianten ich bevorzuge?
- ❒ Handelt es sich bei dem vorliegenden ETF um die Variante, die für mich am besten ist?
- ❒ Habe ich die Gesamtkostenquote (TER) überprüft?
- ❒ Liegt sie in etwa zwischen 0,15 und 0,5 Prozent? (Liegt sie höher, sollten Sie tendenziell die Finger davon lassen, auch wenn es begründete Ausnahmen geben mag)
- ❒ Haben Sie die Tracking-Differenz berechnet?
- ❒ Liegt sie zumindest in der Nähe von Null oder ist sie sogar negativ (in diesem Fall wäre das gut)?
- ❒ **Zusatztipp**: Gehen Sie auf die Internetseite justetf.com und melden Sie sich kostenlos an, um verschiedene Angebote miteinander vergleichen zu können.

Wenn Sie all diese Punkte abhaken können, kommen Sie sehr

wahrscheinlich zu einem guten Ergebnis. Sie haben sich dann, zumindest aller Wahrscheinlichkeit nach, für den für Ihre Bedürfnisse am besten passenden ETF entschieden! Ein überaus empfehlenswertes Tool für die Auswahl des richtigen ETFs ist die Webseite justetf.com. Hier wird Ihnen eine große Auswahl verschiedener ETF-Optionen aufgezeigt. Sie müssen sich zwar auf der Seite registrieren, um Zugriff auf all die nützlichen Hinweise zu erhalten, die Anmeldung und Nutzung ist aber kostenlos. Sie müssen lediglich einen Benutzernamen festlegen und ein Passwort erstellen, schon sind Sie dabei.

WAS WIR IN DIESEM KAPITEL GELERNT HABEN:

- Es gibt zwei verschiedene Varianten von ETFs: ausschüttende und thesaurierende.
- Entscheidend dafür, ob sich ein ETF tatsächlich lohnt, ist auch die Gesamtkostenquote, auch TER genannt.
- Ebenfalls ein wichtiges Kriterium, um den ETF zu beurteilen, ist die Tracking-Differenz, die möglichst niedrig sein sollte.
- Es empfiehlt sich, die ETFs anhand dieser Kriterien genau zu überprüfen, bevor man in sie investiert.

Investitionsmöglichkeiten für jeden Geldbeutel

„Fast wie abgesetztes Geld,
Sieht sie aus, die beste Welt".
(Johann Wolfgang von Goethe, Gedichte)

Wir haben uns nun ein breites und fundiertes Wissen rund um ETFs angeeignet, haben verschiedene Strategien und Anlageideen kennengelernt. Doch welche konkreten Portfolios sind empfehlenswert? Bei all den Produkten, die auf dem Finanzmarkt angeboten werden, kann man schnell einmal die Übersicht verlieren, man fühlt sich wie das sprichwörtliche Kind im Süßwarenladen. Deshalb möchte ich nun noch konkreter werden und Ihnen neun verschiedene Investitionsmöglichkeiten anhand bestimmter Portfolios vorstellen.

Wie wir bereits festgestellt haben, ist es nicht unbedingt ratsam, in den DAX zu investieren. Er bildet bloß 30 Unternehmen ab und hat eine einseitige Branchengewichtung. Wir wollen unsere Eier aber in viele Körbe legen, wir haben gelernt, wie wichtig es ist, zu diversifizieren. Daher möchte ich Ihnen Anlagemöglichkeiten aufzeigen, die Ihnen zwar sehr wahrscheinlich weniger bekannt vorkommen als der DAX, dafür aber deutlich empfehlenswerter sind. All diese Anlagen haben den Vorteil, dass sie langfristig sind. Außerdem bieten die nun vorgestellten ETFs allesamt ein weltweites Portfolio. Die Diversifikation ist also sehr hoch, das Portfolio schwankt erheblich weniger als etwa der DAX. Bei diesen Tipps ist für jeden Geldbeutel etwas dabei, Sie können bereits mit kleinen Summen erfolgreich investieren.

Bei dieser Aufstellung handelt es sich nicht um eine Anlageberatung! Wie bei den Lottozahlen abends in den Fernsehnachrichten sind auch diese Angaben ohne Gewähr. Die dargestellten Informationen können sich auch über die Jahre hinweg verändern, Stand dieses Buches ist September 2020.

ALL WORLD (ACWI)

Sie waren bestimmt schon einmal in einem *Eine-Welt-Laden* einkaufen, oder? Die Vorstellung, dass die Welt zu einer großen Einheit wird und dass wir, Ländergrenzen überwindend, all unsere Differenzen beilegen, ist natürlich wunderschön. Tatsächlich wird dieser Zustand sehr wahrscheinlich noch länger auf sich warten lassen. Doch an der Börse gibt es bereits einen ETF, der dieses Ideal verkörpert, den **MSCI All Country World Index** (ACWI).

In diesem Portfolio steckt nur ein einziger ETF. Man kann den ACWI nur schwer mit anderen ETFs kombinieren, da er bereits die ganze Welt abbildet. Er ist also ideal, wenn Sie erstmal mit einem ETF anfangen möchten. Er bildet dabei die tatsächlichen Kräfteverhältnisse der einzelnen Staaten ab. Seine Entwicklung richtet sich nach der Entwicklung der Weltwirtschaft, wobei einige Staaten, die keine verlässlichen Wirtschaftsdaten veröffentlichen oder quasi nichts importieren oder exportieren, nicht abgebildet werden.

Name des ETFs	WKN/ ISIN	TER
Vanguard FTSE All-World UCITS ETF – USD DIS ETF	A1JX52/ IE00B3RBWM25	0,40 Prozent

Die Abkürzung SPDR steht für Spider, den Anbieter des ETFs. Danach folgt der Produktname. UCITS ist eine rechtliche Bezeichnung, wie zum Beispiel AG oder GmbH für Firmen. Zuletzt wird noch angezeigt, dass es sich um einen ETF handelt. Die Bedeutung der Abkürzungen WKN beziehungsweise ISIN sowie der Gesamtkostenquote TER haben wir bereits geklärt.

Sie sehen, dass die TER mit 0,40 Prozent hoch ist. Sie haben zwar eine sehr gute Diversifikation in diesem Aktienportfolio, obwohl Sie nur einen einzigen ETF aufgenommen haben, müssen aber im Vergleich zu ähnlichen Varianten recht hohe Verwaltungskosten zahlen. Den ACWI gibt es sowohl in der ausschüttenden als auch in der thesaurierenden Variante.

Fassen wir also kurz die Vorteile und Nachteile zusammen:

- 👍 Nur ein ETF: Rebalancing fällt weg.
- 👍 Hohe Diversifikation
- 👍 Sowohl thesaurierend als auch ausschüttend möglich
- 👎 Nicht besonders günstig

Gesamturteil: Empfehlenswert

INDUSTRIE- UND SCHWELLENLÄNDER

Bei dieser Anlage handelt es sich um eine Kombination aus dem Index **MSCI World** und dem **MSCI EM**. Der MSCI World Index bildet die wirtschaftliche Entwicklung der Industrieländer ab. Industrieländer sind Länder, deren Wirtschaft stark durch Technologie und Industrie beherrscht wird, es handelt sich also um wirtschaftlich gut entwickelte Staaten. Klassischerweise spricht man meistens von Deutschland, Frankreich, Großbritannien, den USA, Kanada und Japan, wenn man die Industrieländer meint.

Der MSCI Emerging Markets (EM) bildet den wirtschaftlichen Verlauf der sogenannten Schwellenländer ab. Wir hatten uns den Begriff der Schwellenländer schon einmal angesehen. Zur Erinnerung: Es handelt sich dabei um Staaten, die wirtschaftlich und oft auch politisch nicht hoch entwickelt sind, die aber ein starkes Wirtschaftswachstum verzeichnen und damit den Abstand zu den Industrieländern verkürzen. Man traut ihnen zu, in naher Zukunft in das Feld der Industriestaaten aufzurücken, sie stehen an der Schwelle zum Industrieland, daher die Bezeichnung.

Das Portfolio MSCI World + EM beinhaltet zu 70 Prozent den Index MSCI World und zu 30 Prozent den Index MSCI EM. 70 Prozent des ETFs richten sich also an den Industrieländern und 30 Prozent an den Schwellenländern aus. An der Weltwirtschaft haben die Industrieländer einen größeren Anteil, man geht von bis zu 90 Prozent aus. Dies würde in etwa der Gewichtung des ACWI entsprechen.

Da die Schwellenländer aber schneller wachsen als die Industrieländer, nimmt das Portfolio sie überproportional stark auf. Das heißt, ihr Anteil am Portfolio ist höher als ihr Anteil an der Weltwirtschaft. Für Anleger*innen ist dies natürlich von Vorteil. Folgendermaßen könnte ein solches Portfolio aussehen:

Name des ETFs	**WKN/ ISIN**	**TER**
MSCI World	LYX00C/ LU1829220216	0,15 Prozent
Emerging Markets	DBX1EM/ LU0292107645	0,20 Prozent

Es handelt sich um sehr günstige ETFs, Sie sehen, dass die Gesamtkostenquote bei 0,15 beziehungsweise 0,20 Prozent und damit sehr niedrig liegt.

Der klare Vorteil eines solchen Weltportfolios ist es, dass es einen enormen Grad an Diversifikation hat. Im Grunde werden sämtliche Staaten der Welt, die eine gewisse Bedeutung für den Weltmarkt haben und die zuverlässige Wirtschaftszahlen herausgeben, abgebildet. Da die Staaten sehr unterschiedliche wirtschaftliche Ausrichtungen haben, machen Sie sich weniger abhängig von einer oder einigen wenigen Branchen. Sie haben, angefangen mit industrieller Verarbeitung, über Dienstleistungen und Technologie bis hin zur Lebensmittelproduktion, sämtliche wirtschaftlich relevanten Sektoren abgedeckt. Es lohnt sich also, sich mit diesem Portfolio zu befassen. Es gibt den ETF übrigens in beiden Varianten: sowohl ausschüttend als auch thesaurierend.

Fassen wir also kurz die Vorteile und Nachteile zusammen:

- 👍 Hohe Diversifikation
- 👍 Kostengünstig
- 👍 Hohes Wachstum wahrscheinlich (Schwellenländer)
- 👍 Sowohl thesaurierend als auch ausschüttend möglich
- 👎 Starke Gewichtung auf den USA im MSCI World

Gesamturteil: Empfehlenswert

ℹ Info: Schwellenländer

Als Schwellenländer bezeichnet man Staaten, die traditionell zu den Entwicklungsländern, also zu den wirtschaftlich, politisch und kulturell wenig entwickelten Staaten zählen. Die Schwellenländer haben aber zumeist in den letzten Jahren große Fortschritte in diesen Bereichen erzielt und, beispielsweise wirtschaftlich betrachtet, den Abstand zu den klassischen Industriestaaten verkürzen können. Sie stehen also an der Schwelle vom Entwicklungs- zum Industrieland. Ein klassisches Beispiel für ein Schwellenland war China, das mittlerweile von einigen Expert*innen bereits über die Rolle des Entwicklungslandes hinausgewachsen ist. Indien, Brasilien, Mexiko oder Südafrika werden ebenfalls häufig in diesem Kontext genannt.

ℹ Info: Industrieländer

Industrieländer sind Staaten mit einer starken Wirtschaft, insbe-sondere die Industrie, aber auch der Technologiesektor machen einen Großteil der Wirtschaftsleistung dieser Länder aus. Industrieländer sind meist sehr wohlhabend und gelten auch als politisch stabil, es han-delt sich bei den Industrieländern ausschließlich um demokratische Staaten.

INDUSTRIE- UND SCHWELLENLÄNDER MIT STARKEM EUROPA-ANTEIL

Der einzige Nachteil des MSCI World Index ist seine starke Gewichtung auf den USA. 60 Prozent des MSCI World bilden die wirtschaftliche Entwicklung der USA ab. Dabei wird auch das wohl immer noch mächtigste Land der Welt nicht von Krisen verschont. Außerdem bekommen Sie in den deutschen Medien meist weniger Informationen bezüglich der genauen Wirtschaftsdaten der USA vermittelt als über die Europas. Daher können Sie optional den Anteil Europas an Ihrem Aktienportfolio erhöhen.

Es handelt sich also um eine Ergänzung des eben vorgestellten Portfolios. Wir nehmen also zu dem MSCI World und dem MSCI EM noch den **Eurostoxx 600** hinzu. Die Zahl 600 steht für die Anzahl der Aktien. Es befinden sich also die Aktien der 600 größten Unternehmen Europas in diesem ETF. Die Diversifikation ist hoch.

Im Gegenzug wird der Anteil der beiden bereits bekannten Indizes verringert. Sie können zum Beispiel des MSCI World auf 60 Prozent, den des MSCI EM auf 20 Prozent und den des STOXX auf 20 Prozent festsetzen. Wenn Sie nur den MSCI World reduzieren möchten, können Sie ihn natürlich auch auf 50 Prozent herabsetzen. Die Gewichtung wäre somit 50 – 30 – 20.

Name des ETFs	WKN/ ISIN	TER
MSCI World	LYX00C/ LU1829220216	0,15 Prozent
Emerging Markets	DBX1EM/ LU0292107645	0,20 Prozent
Eurostoxx 600	ETF060/ LU0378434582	0,07 Prozent

Der Vorteil des Eurostoxx 600 ist, dass er extrem günstig ist. Nur 0,07

Prozent TER, das ist im Grunde unschlagbar.

Fassen wir also kurz die Vorteile und Nachteile zusammen:

- Hohe Diversifikation
- Kein Übergewicht auf den USA
- Extrem kostengünstig
- Hohes Wachstum wahrscheinlich (Schwellenländer)
- Sowohl thesaurierend als auch ausschüttend möglich

Gesamturteil: Ausgesprochen empfehlenswert!

4-ETF-STRATEGIE

Je differenzierter, desto besser. Wenn Sie die Risiken über die gesamte Welt streuen wollen und nicht bloß Europa und Amerika abbilden möchten, können Sie zusätzlich noch die Märkte des asiatischen und pazifischen Raums hinzunehmen. Die Gesamtkostenquote ist derart gering, dass Sie kaum ein zusätzliches Risiko damit eingehen. Es handelt sich um eine Erweiterung des zuvor vorgestellten Portfolios.

Diese ETF-Strategie geht auf den deutschen Investmentbanker und Buchautoren Gerd Kommer zurück, die beiden Hauptkomponenten des von ihm erdachten Portfolios sind ein risikoreicher Teil mit Anleihen-ETFs und einem etwas risikoreicheren Teil mit Aktien-ETFs im Verhältnis von fünfzig zu fünfzig. Kommer beruft sich bei der Auswahl seines Portfolios auf wissenschaftliche Kenndaten (ETFs-24, 2020), dennoch ist natürlich auch diese Tatsache keine Garantie dafür, dass seine Empfehlungen immer funktionieren müssen.

Diese Strategie setzt vor allen Dingen auf eine möglichst breite Streuung, in der Tat ist dieses Portfolio so diversifiziert wie keines der anderen zuvor besprochenen. Allerdings birgt es ein gewisses Risiko, auf vielen Hochzeiten gleichzeitig zu tanzen, das heißt im Grunde, vier unterschiedliche Märkte gleichzeitig abzudecken. Eben durch die hohe Diversifikation ist das Risiko aber gering und die Anlage somit dennoch empfehlenswert.

Name des ETFs	WKN/ ISIN	TER
MSCI World	LYX00C/ LU1829220216	0,15 Prozent
Emerging Markets	DBX1EM/ LU0292107645	0,20 Prozent
Eurostoxx 600	ETF060/ LU0378434582	0,07 Prozent
Asien/Pazifik	ETF114/ LU0392495023	0,04 Prozent

Fassen wir also kurz die Vorteile und Nachteile zusammen:

- Hohe Diversifikation
- Kein Übergewicht auf den USA
- Extrem kostengünstig
- Hohes Wachstum wahrscheinlich (Schwellenländer)
- Extrem diversifiziert, die gesamte Weltmarktlage wird abgedeckt.

- Unter Umständen ist es schwierig, sämtliche Märkte im Auge zu behalten, gegebenenfalls werden Entwicklungen verpasst, auch weil über manche Regionen der Welt wenig berichtet wird.
- Eventuell stehen die verschiedenen Regionen der Welt in Konkurrenz zueinander, steigt der „Wert“ der einen Region, sinkt der „Wert“ der anderen.

Gesamturteil: Empfehlenswert

5-ETF-STRATEGIE

Es handelt sich bei der 5-ETF-Strategie erneut um eine Erweiterung des zuvor vorgestellten Modells. Small Caps sind kleine Unternehmen, die nicht an den regulären Börsen notiert sind. Meist gibt es eigene Indizes, bei denen diese kleinen Unternehmen gelistet sind. Sie bieten in der Regel ein recht hohes Wachstumspotenzial und daher auch gute Gewinnmöglichkeiten. Die TER ist mit 0,35 Prozent recht hoch. Auch gibt es keine Garantie, dass die kleinen Unternehmen tatsächlich ihr Wachstumspotenzial ausschöpfen.

Ähnlich wie die Schwellenländer erfüllen die Small Caps also die Funktion, das Potenzial des Portfolios perspektivisch zu steigern, zudem ist es noch einmal diversifizierter als die Anlagestrategie mit vier ETFs. Doch wie bei den Schwellenländern gilt auch bei dem Small Caps – sie sind nicht leicht ausrechenbar und gleichen einer Wundertüte. Außerdem wird die Gewichtung auf dem US-amerikanischen Markt durch sie wieder höher. Die breite Diversifikation spricht auf alle Fälle für diese Variante, die Unsicherheiten sprechen gegen sie, obgleich der MSCI World als Kernindex und auch der relativ stabile Eurostoxx immer noch genügend Sicherheit im Portfolio garantieren.

Name des ETFs	**WKN/ ISIN**	**TER**
MSCI World	LYX00C/ LU1829220216	0,15 Prozent
Emerging Markets	DBX1EM/ LU0292107645	0,20 Prozent
Eurostoxx 600	ETF060/ LU0378434582	0,07 Prozent
Asien/Pazifik	ETF114/ LU0392495023	0,04 Prozent
Small Caps US	ETF 123/ LU0392496005	0,35 Prozent

Fassen wir also kurz die Vorteile und Nachteile zusammen:

- Extrem hohe Diversifikation
- Sehr kostengünstig
- Hohes Wachstum wahrscheinlich, sowohl bei den Schwellenländern als auch bei den Small Caps
- Gewisse Abhängigkeit vom US-amerikanischen Markt.
- Eventuell stehen die verschiedenen Regionen der Welt in Konkurrenz zueinander, steigt der „Wert" der einen Region, sinkt der „Wert" der anderen.
- Unter Umständen schwierig, sämtliche Märkte im Auge zu behalten, gegebenenfalls werden Entwicklungen verpasst, auch weil über manche Regionen der Welt wenig berichtet wird.

Gesamturteil: Empfehlenswert

ZUSÄTZLICH: ROHSTOFFE ODER GOLD

Nun haben wir uns gemeinsam einen Überblick über fünf verschiedene Portfolios verschafft. Als zusätzliche Option hierzu können Sie noch einen geringen Anteil an Rohstoffen oder auch Gold in Ihr Portfolio aufnehmen. Die Basis des Portfolios sollten aber die bisher besprochenen ETFs sein, ein Portfolio, das überwiegend auf Rohstoffen oder Gold aufgebaut ist, ist, insbesondere für den Anfang, zu risikoreich.

90 Prozent des Portfolios sollten aus den ETFs bestehen, die wir bisher kennengelernt haben. Nun besteht die Möglichkeit, zum Beispiel fünf Prozent Immobilien und fünf Prozent Rohstoffe zu dem Portfolio hinzu zu mischen. Ratsam sind an dieser Stelle der *FTSE Developed Markets* zur Abbildung der Rohstoffe und beispielsweise der *Bloomberg Commodity Index* zur Abbildung des Immobilienmarktes. Natürlich kaufen Sie hier an dieser Stelle weder Immobilien noch Rohstoffe. Das wäre viel zu teuer. Es handelt sich wiederum um Indizes, die den Wert von bestimmten Immobilien oder von Rohstoffen wie zum Beispiel Erdöl abbilden.

Name des ETFs	WKN/ ISIN	TER
GOLD: Euwax Gold II	EWG2LD / DE00 EWG2LD7	0,00 Prozent
ROHSTOFFE: Com-Stage Commerzbank Commodity EW Index TR UCITS ETF	ETF090/ LU0419741177	0,45 Prozent

Beim Handel mit Rohstoffen kann es ethische Probleme geben. So ist zum Beispiel Erdöl ein schmutziger Rohstoff, der seinen Teil zur Umweltverschmutzung beiträgt. Auch sind Rohstoffe meist spekulativ. Im Jahre 2020 würden Sie sich mit Öl-Futures zum Beispiel im Minus befinden, also einen Verlust erleiden. Daher empfehle ich Ihnen an dieser Stelle, lieber in Gold zu investieren. Gold ist stabiler und ethisch unbedenklicher. Außerdem hat der empfohlene ETF keine Gesamtkostenquote, wohingegen diese bei Rohstoffen hoch ist.

Fassen wir also kurz die Vorteile und Nachteile zusammen:

- 👍 Zusätzliche Option zu den sonstigen ETFs, die oft den Fokus stark auf Aktien legen
- 👍 Kostenlos besparbar bei der DKB
- 👎 Risikoreicher durch zusätzliche Finanzprodukte
- 👎 Besonders der Handel mit Rohstoffen ist umstritten (unsicherer Markt)

Gesamturteil: **Bedingt empfehlenswert.**

ERWEITERUNGEN DER STRATEGIEN 5 + 6

Zuletzt besteht für Sie noch die Möglichkeit, die Strategien fünf oder sechs, das heißt in einem Fall mit Gold als zusätzliche Anlage, im anderen

Fall ohne, um Spezialthemen zu ergänzen. Diese Spezialthemen, die wiederum in Form eines ETF abgebildet werden, können zum Beispiel Wasser sein (eine besondere Variante der Rohstoffe), aber auch Themen aus dem Bereich der Technologie. Insbesondere Zukunftstechnologien bieten sich an, zum Beispiel Künstliche Intelligenz (KI) oder Robotik. Auch gibt es die Möglichkeit, in bestimmte Länder oder Regionen dieser Erde zu investieren, die interessante Wachstumsmärkte bieten, wie in etwa China, Russland, Indien, Indonesien oder Vietnam.

Es handelt sich dabei lediglich um Ergänzungen, die nur in einem kleinen Verhältnis zu den fünf (oder sechs) Standard-ETFs stehen sollten. Es sind lediglich mögliche Erweiterungen, denn auch diese speziellen Länder, Technologien oder der spezielle Rohstoff Wasser bieten gewisse Tücken. Daher handelt es sich eher um eine Variante für risikofreudigere Anleger*innen.

Wichtig zu beachten ist, dass Sie diese Märkte genau beobachten müssen. Gerade die Situation auf dem Sektor der Technologien ist ungewiss. Niemand kann in die Zukunft schauen, daher sind ETFs, die sich mit vermeintlichen Technologien der Zukunft beschäftigen, immer spekulativ und außerdem gewissen Schwankungen unterworfen. Sie müssen daher die Märkte und ihre Entwicklung genau im Auge behalten, um keine Verluste zu erleiden. Gerade aufgrund dieser Tatsache sollten diese ETFs höchstens zu Ihrem Portfolio beigemischt werden und niemals ein eigenständiges Portfolio bilden.

Hier noch einmal einige mögliche ETFs, die Sie zur Erweiterung Ihres Portfolios besparen können: Wie bei allen anderen vorgestellten ETFs auch gibt es natürlich zu dieser Variante immer Alternativen und immer noch andere Anbieter.

Spezielle Länder

Name des ETFs	WKN/ ISIN	TER
CHINA	DBX0M2 / LU0779800910	0,50 Prozent
INDIEN	LYX0BA / FR0010361683	0,85 Prozent
INDONESIEN	DBX0EU / LU0476289623	0,78 Prozent
RUSSLAND	DBX1RC / LU0322252502	0,65 Prozent
VIETNAM	DBX1AG / LU0322252924	0,85 Prozent

Zukunftsthemen

Name des ETFs	WKN/ ISIN	TER
WASSER: Lyxor UCITS World Water	LYX0CA / FR0010527275	0,60 Prozent
AUTOMATION UND ROBOTICS	A2ANH0 / IE00BYZK4552	0,40 Prozent
CYBER SECURITIES	A14ZT8 / DE00A14ZT85	0,75 Prozent

Gesamturteil: Bedingt empfehlenswert.

NACHHALTIGE ETFS

Nachhaltigkeit, Umweltfreundlichkeit, Verantwortung. Mittlerweile haben die meisten Anleger*innen nicht mehr nur die Erwartung eines möglichst hohen Gewinns an die Finanzprodukte, in die sie investieren. Sie sollen auch diesen ethischen Maßstäben genügen. Diese Entwicklung ist grundsätzlich sehr positiv. Unsere Welt ist endlich, deshalb muss auch das Wachstum endlich sein. Die Welt braucht nachhaltiges Wirtschaften mindestens so dringend wie produktives Wirtschaften.

Auch den Unternehmen und den Staaten wird das immer mehr bewusst, genauso wie den Menschen. Vielleicht waren Sie oder Ihre Kinder schon einmal auf einer *Fridays for Future*-Demo oder auf einer ähnlichen Veranstaltung. Immer mehr Anbieter bieten daher nachhaltige ETFs an, dort sind ausschließlich Unternehmen gelistet, die sich einer nachhaltigen und ökologischen Wirtschaftsweise verpflichten. Die EU hat jüngst auch feste Regeln aufgestellt, wann sich ein ETF grün nennen darf. Sie können also sicher sein, dass Sie auch tatsächlich in nachhaltige Firmen investieren und nicht etwa in Unternehmen, die bloß so tun, als würden sie sich um den Umwelt- und Klimaschutz kümmern.

Ein Portfolio kann zum Beispiel so aussehen, dass sich 70 Prozent aus dem **MSCI World ESG** und 30 Prozent aus dem **MSCI EM ESG** zusammensetzen. ESG steht für Environment Social Governance, also für ein umweltfreundliches, soziales Management. Der Anbieter ist Amundi, der ETF wird kostenlos über Consors angeboten. Die Gesamtkostenquote ist nicht herausragend gering, bewegt sich aber dennoch in einem sehr angemessenen Rahmen. In der Vergangenheit waren nachhaltige ETFs oft teurer als nicht-nachhaltige. Diese Differenz ist hier aber schon nicht mehr erkennbar. Ein weiteres Zeichen für einen positiven Trend.

Name des ETFs	**WKN/ ISIN**	**TER**
Amundi Index MSCI World SRI UCITS ETF DR	LU1861134382	0,18 Prozent
Amundi Index MSCI EM SRI UCITS DR ETF	LU1861138961	0,25 Prozent

Fassen wir also kurz die Vorteile und Nachteile zusammen:

- 👍 Sozial und ökologisch nachhaltig (mit gutem Gewissen investieren)
- 👍 Relativ kostengünstig
- 👍 Sowohl thesaurierend als auch ausschüttend möglich
- 👍 Kostenlos besparbar bei Consors.
- 👎 Nicht so stark diversifiziert, da engere Auswahlkriterien

Gesamturteil: Ausgesprochen empfehlenswert!

SPEZIALFÄLLE

Neben diesen acht Varianten eines breiten Portfolios möchte ich Ihnen hier noch zwei besondere Varianten, sozusagen die Spezialfälle auf dem Gebiet, vorstellen.

ARERO

Beim **ARERO Weltfonds** handelt es sich um einen Indexfonds und nicht um einen ETF. Der Unterschied zwischen einem Indexfonds und einen ETF ist, dass der Indexfonds nicht an der Börse gehandelt wird. Das Ziel,, einen Index so exakt wie möglich nachzubilden, ist aber in beiden Fällen dasselbe. ARERO wurde vom deutschen Wirtschaftsprofessor Dr. Martin Weber zusammen mit einem Forschungsteam an der Universität Mannheim entwickelt. Seit 2008 ist der ARERO Fonds auf dem Markt. Laut eigener Beschreibung verfolgt er drei Ziele:

- Hohe Diversifikation
- Niedrige Kosten
- Passive Anlagestrategie.

Mit dieser Zuschreibung passt der Fonds wunderbar zu dem, was wir bisher als ratsame Anlagestrategie herausgearbeitet haben. Der Name des Fonds ergibt sich aus den Positionen, die er für die

Zusammensetzung des Portfolios empfiehlt. **A** steht für Aktien (60 Prozent des Portfolios), **RE** steht für Renten, das heißt private Altersvorsorge (25 Prozent) und **RO** für Rohstoffe (15 Prozent).
Schauen wir uns auch hier einmal die Vor- und Nachteile des Fonds an:

- 👍 Der Wert des Fonds ist stetig gestiegen (was allerdings auch daran liegt, dass die Finanzmärkte seit der Krise 2008 allgemein gestiegen sind).
- 👍 Für einen Indexfonds ist er günstig. Die TER beträgt 0,5 Prozent.
- 👍 ARERO betreibt das Rebalancing selbst, Sie müssen sich also nicht darum kümmern.
- 👍 Er ist transparent, über die Webseite des Anbieters können Sie die Anlagestrategie gut nachverfolgen.
- 👎 Die Aufteilung der Prozentzahlen ist fix und kann nicht geändert werden.
- 👎 Die Investition in Rohstoffe ist umstritten. Viele Expert*innen bestreiten die Sinnhaftigkeit dieser Anlage.
- 👎 Der Fonds ist nicht kostenlos besparbar, sondern kostet 25 Euro pro Monat bei Consors.

Gesamturteil: Bedingt empfehlenswert

All Weather Portfolio

Das *All Weather Portfolio* geht auf die Idee von Ray Dalio zurück, einem der bekanntesten Manager in den USA. Dalio ist Mitbegründer der Fondsgesellschaft *Bridgewater*. Mit geschätzten 17 Milliarden US-Dollar Vermögen gehört er zu den reichsten Menschen der Welt. Nun ist es nicht immer eine gute Idee, von den Reichen zu lernen, doch im Falle Ray Dalios lohnt es sich, die Idee des All Weather Portfolios näher zu betrachten.

Das Portfolio ist so konzipiert, dass es möglichst alle Schwankungen innerhalb der einzelnen Positionen ausgleichen kann. Es soll also allen

Wetterlagen Stand halten. Das Portfolio soll dementsprechend diversifiziert sein und sich aus verschiedenen Positionen zusammensetzen. Folgende Zusammensetzung empfiehlt Dalio:

- 30 Prozent Aktien
- 40 Prozent lang laufende US-Staatsanleihen
- 15 Prozent mittelfristige US-Staatsanleihen
- 7,5 Prozent Gold
- 7,5 Prozent Rohstoffe

Staatsanleihen gelten als sehr sicher. In aller Regel schwanken sie kaum. Langjährige Staatsanleihen haben dabei eine Laufzeit von 20 bis 30 Jahren, sind also auf einen langen Zeitraum ausgelegt. Daher empfiehlt Dalio auch einen derart hohen Prozentsatz dieser Anleihen im Portfolio. Auch Staatsanleihen werden in Form von ETFs abgebildet. Mittelfristige Staatsanleihen haben eine Laufzeit von 10 Jahren. Auch die Rohstoffe werden bei dieser Variante als ETFs abgebildet.

Info Staatsanleihen

Staaten haben verschiedene Möglichkeiten, ihre Ausgaben zu finanzieren, zum Beispiel Steuern. Immer mehr Staaten nutzen allerdings auch die Variante mit Staatsanleihen. Wie ein Konzern Aktien, also Anteile der Firma herausgibt, gibt der Staat Anleihen, also ebenfalls Anteile von sich an private Anleger*innen heraus. Die Anleger*innen kaufen dem Staat die Anleihen ab, dieser kann wiederum Ausgaben mit dem Geld finanzieren. Staatsanleihen sind zeitlich begrenzt, um zu verhindern, dass irgendwann der komplette Staat „ausverkauft" ist (finanztreff.de, 2020).

Die Schwankungen des All Weather Portfolios sind in der Tat sehr gering, allerdings gibt es auch einige Punkte, die gegen Dalios Portfolio sprechen.

- Es ist sehr USA-lastig. Sowohl die Aktien als auch die Anleihen kommen bei Dalio ausschließlich aus den USA. Eine breitere Diversifikation wäre wünschenswert.

- Es ist ein gewisses Startkapital vonnöten, da einige Positionen gekauft werden müssen. Für Einsteiger*innen ist das Portfolio unter Umständen zu teuer.

Gesamturteil: **Nicht empfehlenswert!**

Spezial- und Themen-ETFs

Zu guter Letzt möchte ich Ihnen auch die Existenz von Spezial- und Themen-ETFs nicht vorenthalten. Es gibt ETFs, die sehr spezielle Branchen abbilden, sie spekulieren zum Beispiel auf technische Innovationen im Gesundheitswesen, auf die Entwicklung von Robotern, Künstlicher Intelligenz (KI) und selbst auf den demografischen Wandel, den ich Ihnen eingangs im Kapitel über die Rente nähergebracht habe.

Das mag zunächst interessant klingen, allerdings sind gerade diese Branchen nahezu unberechenbar. Niemand kann seriöse Prognosen darüber wagen, wie sich unsere Gesellschaft in den nächsten Jahren und Jahrzehnten entwickeln wird. Robotik oder KI sind hochinteressante Themenfelder, aber wann ihre Zeit endgültig gekommen ist, ob sich die Technik konstant entwickelt oder ob es Rückschläge gibt – das alles ist Zukunftsmusik. Darauf zu spekulieren, wäre ein unnötiges Risiko.

Außerdem hätten wir hier das Problem der Diversifikation. Diese Themen-ETFs streuen in der Regel nicht, sondern legen ihr Schwergewicht klar auf eine Branche, zum Beispiel die Elektroindustrie oder auch Pharmakonzerne. Lassen Sie sich daher nicht von solchen Angeboten ködern. Wir haben uns ein gutes und fundiertes Wissen über verschiedene Möglichkeiten der Investition aufgebaut. Alles, was für Sie wichtig sein könnte, haben wir in den letzten Kapiteln besprochen.

Nicht empfehlenswert!

Methoden

„Zur Erforschung der Wahrheit, bedarf es notwendig der Methode".
(René Descartes)

FUNDAMENTALANALYSE

Um den Wert von Unternehmen, beziehungsweise den Wert der von ihnen herausgegebenen Aktien bewerten zu können, gibt es verschiedene Instrumente. Eines davon ist die Fundamentalanalyse. Insbesondere, wenn Ihr Portfolio einen großen Aktienanteil enthalten soll, ist es ratsam, den Kurs dieser Aktien zu beobachten und zu bewerten. Die Fundamentalanalyse ist dabei nicht darauf ausgelegt, einen bestimmten Zeitpunkt für den Einstieg am Markt festzulegen. Dafür gibt es die Chartanalyse, die ich Ihnen an dieser Stelle jedoch nicht näher erläutern möchte, da sie grundsätzlich eher für Daytrader*innen und kurzfristige Anlagen geeignet ist. Die Fundamentalanalyse dagegen ist das ideale Werkzeug, wenn Sie langfristig investieren möchten.

Wie funktioniert die Fundamentalanalyse?

Es handelt sich um eine spezielle Form der Finanzanalyse, bei der Unternehmensdaten und betriebswirtschaftliche Kennzahlen beobachtet, zusammengetragen und anschließend ausgewertet werden. Man spricht auch von Fundamentaldaten, daher auch der Name Fundamentalanalyse. Ziel dieser Auswertung ist es, den angemessenen Börsenkurs eines Wertpapiers in der Zukunft zu ermitteln, also das sogenannte Kursziel zu definieren. Oder vereinfacht ausgedrückt: Man möchte herausfinden, ob es sich lohnt, Aktien eines bestimmten Unternehmens zu kaufen oder nicht, ob die Zukunftsaussichten positiv oder negativ sind.

Welche Kennzahlen werden betrachtet?

Kurs-Gewinn-Verhältnis

Der derzeitige Kurs eines Wertpapiers wird durch den erwarteten Unternehmensgewinn geteilt. Daraus errechnet sich ein Mittelwert. Wertpapiere, meist Aktien, die unterhalb dieses Mittelwerts liegen, gelten als günstig, Aktien, die über dem Mittelwert liegen als teuer. Ziel ist es selbstverständlich, die günstigsten Aktien auszuwählen, also vermutlich die, bei denen sich eine Investition am meisten lohnt.

Kurs-Buchwert-Verhältnis

Der aktuelle Kurswert wird durch den Buchwert der Aktie geteilt. Der Buchwert wiederum ist das Eigenkapital einer Firma, dividiert durch die Anzahl der ausgegebenen Aktien. Diese Berechnung ist logisch nachvollziehbar, schließlich müsste eine Aktie, nimmt man das Herdenverhalten und die Stimmungen an der Börse aus der Gleichung heraus, exakt so viel Wert sein, wie der Anteil an dem entsprechenden Unternehmen, das die Aktie repräsentiert. Der faire Wert der Aktie sollte also ungefähr dem Buchwert entsprechen.

Eigenkapitalquote

Die Eigenkapitalquote ist das Eigenkapital eines Unternehmens im Verhältnis zum Gesamtkapital des Unternehmens. Man teilt erstere durch letztere und multipliziert das Ergebnis mit dem Faktor hundert. Anhand dieser Zahl können die Stabilität und die Unabhängigkeit eines Unternehmens bewertet werden. Je höher der Wert, desto stabiler und selbstständiger das Unternehmen. Schließlich ist eine hohe Eigenkapitalquote ein Zeichen dafür, dass ein Unternehmen im Zweifel nicht stark von Fremdkapital abhängig ist.

Kritik

Auch die Fundamentalanalyse ist natürlich nicht perfekt, sie ist allerdings ein zuverlässiges Instrument, um Aktien und andere Wertpapiere zu bewerten. Häufigster Kritikpunkt ist, dass sie den sogenannten Noise, also das Getuschel, die Gerüchte und Stimmungen an der Börse, die oft zu Entscheidungen von Anleger*innen führen, missachtet, also zu streng analytisch vorgeht und die Irrationalität der Akteure missachtet. Für diesen menschlichen Faktor gibt es allerdings keine Berechnungsmethode, wie gesagt: absolute Wahrheiten gibt es an der Börse nie.

WEITERES WISSEN AUFBAUEN

Diese Methode ist auch für Einsteiger*innen völlig unbedenklich und ist vor allen Dingen überaus wichtig. Die Fundamentalanalyse ist ein wichtiges Instrument, um grundlegende Entscheidungen begründen zu können, wohingegen die Chartanalyse oder die Analyse wirtschaftspolitischer Vorkommnisse eher für Daytrader*innen und risikofreudige Anleger*innen geeignet ist. Doch eine intensive Auseinandersetzung mit dem Themenfeld ist unerlässlich, um überhaupt Entscheidungen treffen zu können, um zu wissen, worauf es beim langfristigen Investieren ankommt.

Wie bei allen Themen, die Sie wirklich interessieren und über die Sie unbedingt etwas erfahren möchten, sollten Sie sich natürlich auch beim Thema Börse und Finanzen nicht bloß auf Buchwissen verlassen, sondern Sie sollten darüber hinaus selbstständig recherchieren und sich weiterhin mit dem Thema beschäftigen. Vielleicht kennen Sie das Gefühl noch aus den längst vergangenen Tagen der Schulzeit. Dort wird ein Thema recht oberflächlich behandelt, das Sie aber brennend interessiert hat, und Sie haben im Anschluss an den Unterricht selbstständig weiter recherchiert. So sähe vermutlich zumindest die Idealvorstellung einer Schulzeit aus. Wenn Sie mehr über bestimmte Themen erfahren möchten, werden Sie vermutlich hauptsächlich im Internet recherchieren, sich Videos auf YouTube ansehen, Blogs lesen oder Podcasts anhören.

Genau das empfehle ich Ihnen auch für die weitere Auseinandersetzung mit dem Thema Börse. Wenn Sie diesen Ratgeber gelesen haben,

haben Sie die Grundlagen für erfolgreiches Handeln mit ETFs und anderen Börsenprodukten verstanden. Wenn Sie aber nach der Lektüre dieses Buches zu dem Schluss gekommen sind, dass Sie den Börsenhandel weiterverfolgen wollen, sollten Sie Ihr Wissen stetig ausbauen und erweitern. Es ist doch wie in der Schule, nur, dass Sie sich das Thema selbst aussuchen dürfen: Fundiertes und verfestigtes Wissen bildet sich erst dann, wenn man über die vermittelten Grundlagen hinaus eigenständig mit dem Stoff weiterarbeitet.

Es gibt zahlreiche Blogs oder auch Diskussionsforen im Netz, in denen über Finanz- und Börsenthemen geschrieben und diskutiert wird. Lesen Sie sich doch einmal ein paar dieser Beiträge durch und melden Sie sich unter Umständen selbst in einem solchen Forum an und diskutieren Sie mit. Auf diese Art und Weise erhalten Sie einen guten Zugang zu den Themen und knüpfen im besten Fall Kontakt mit erfahrenen Anleger*innen. Der Austausch mit ihnen kann für Ihre weitere „Karriere" sehr hilfreich sein.

Erfahrene Anleger*innen und Trader*innen können Ihnen von ihren Anfängen berichten, können Sie vor den Fehlern warnen, die sie selbst zu Beginn begangen haben, und können Ihnen wertvolle Tipps aus der Praxis an die Hand geben. Es ist immer besser, wenn Sie mit Menschen in Kontakt kommen, die selbst über Praxiserfahrung verfügen, anstatt Ihre Strategie ausschließlich auf Theoriewissen aufzubauen. Es ist wie im Sportverein: Die besten Trainer oder Trainerinnen sind meistens die, die selbst in dem jeweiligen Sport aktiv gewesen sind und nicht nur die nötigen Grundlagen, sondern auch Tipps und Tricks aus der Praxis vermitteln können.

Auch auf YouTube gibt es einige gute Kanäle, auf denen Sie Videos rund um die Themen Börse, Anlagestrategien und ETFs finden, zum Beispiel der Kanal *Finanzfluss*, auf dem einige dieser zugegebenermaßen komplexen Themen ziemlich anschaulich erklärt werden. Andere empfehlenswerte Kanäle, die guten Content bieten, sind zum Beispiel

Finanzwesir oder der finanzen.net Ratgeber, der YouTube-Kanal der Webseite *finanzen.net.*

Auch Wirtschaftspodcasts sind eine gute Möglichkeit, um Ihr Basiswissen über die Funktionsweise der Finanzmärkte auszubauen. Hierfür empfehle ich den Wirtschaftspodcast *Wohlstand für Alle*, der auch auf YouTube zu finden ist. Er ist zwar oftmals sehr theoretisch, hilft Ihnen aber dabei, die grundlegenden Begriffe und Zusammenhänge der Wirtschafts- und Finanzwelt zu verstehen.

Neben dem umfassenden digitalen Angebot gibt es auch eine Reihe von Büchern, die Ihnen tiefgreifendes Wissen vermitteln. Eines dieser Bücher halten Sie bereits in den Händen. Sowohl Ratgeber als auch theoretische Ausarbeitungen können dabei hilfreich sein. Auf den guten Mix zwischen theoretischem und praktischem Wissen kommt es an. Natürlich sollten Sie sich nicht ausschließlich mit Börsen- und Finanzthemen beschäftigen, irgendwann braucht jede*r einmal etwas Ablenkung. Doch ab und zu sollten Sie zumindest ein paar Stunden Ihrer freien Zeit investieren, um sich näher mit der Materie auseinanderzusetzen, wenn Sie auf lange Sicht auf dem Gebiet erfolgreich sein wollen.

Zusammenfassend lässt sich sagen, dass Ihre erste Investition die Investition in Wissen sein sollte. Die intensive Auseinandersetzung mit den Themen Finanzmarkt, Börse und ETFs helfen Ihnen dabei, die theoretischen Grundlagen für Ihr künftiges Handeln zu legen und wertvolle Erfahrungen, am besten im Austausch mit erfahrenen Anleger*innen, zu sammeln. Hierfür brauchen Sie zunächst auch kein Geld zu investieren, sondern „nur" Zeit. Doch auch diese sollten Sie gut nutzen, denn: *Zeit ist Geld.*

Buchempfehlungen

Zu diesem Zweck möchte ich Ihnen an dieser Stelle ein wenig Literatur an die Hand geben. Diese Bücher helfen Ihnen dabei, den Einstieg ins Investieren gut zu meistern und bieten darüber hinaus

Hintergrundinformationen, die sowohl interessant als auch hilfreich sind.

- Gerd Kommer (2018): „Souverän investieren mit Indexfonds und ETFs: Wie Privatanleger das Spiel gegen die Finanzbranche gewinnen". Campus, Frankfurt am Main.
- Gerd Kommer (2018): „Souverän investieren für Einsteiger". Campus, Frankfurt am Main.
- André Kostolany (2000): „Die Kunst über Geld nachzudenken". Ullstein, Berlin.
- Christian W. Röhl, Werner H. Heussinger (2016): „Cool bleiben und Dividenden kassieren. Mit Aktien raus aus der Nullzins-Falle". Finanzbuch Verlag, München.
- Peter Thilo Hasler (2018): „Reich werden an der Börse: 100 Weisheiten für Ihr Geld". Börsenmedien AG, Kulmbach.
- Nicolas Schmidlin (2013): „Unternehmensbewertung und Kennzahlenanalyse". Vahlen, München.
- Kolja Barghoorn (2017): „Der rationale Kapitalist". Create Space Independent Publishing.
- George S. Clason (2019): „Der reichste Mann von Babylon". Goldmann, München.

Empfehlungen im Internet

Auch im Netz gibt es zahlreiche Möglichkeiten, sich zum Themengebiet Investment, ETFs, etc. zu informieren. Im Internet sollten Sie jedoch noch vorsichtiger sein als beispielsweise bei der Recherche mithilfe von Büchern. Achten Sie auf die Auswahl seriöser Quellen. Besonders gut für die verständliche Erklärung komplexer Sachverhalte eignen sich YouTube-Videos. Es gibt einige Kanäle, die komplexe Themen und Zusammenhänge anschaulich und für Einsteiger*innen verständlich aufarbeiten. Einige möchte ich Ihnen an dieser Stelle nahelegen.

- Aktien mit Kopf

- Finanzfluss
- Aktienfinder
- Börse Stuttgart
- Zahltagstrategie
- Christophs Aktienkurs
- Jens Rabe
- Tim Schäfer
- Homo Oeconomicus
- Finanzrocker

Ausblick

„Mut steht am Anfang des Handelns, Glück am Ende".
(Demokrit)

Aller Anfang ist schwer, sagt der Volksmund. Doch das stimmt nicht immer. Ich hoffe, dass ich Ihnen bisher aufzeigen konnte, dass der Einstieg in das Investieren in ETFs gar nicht so kompliziert und die Börse gar nicht so undurchschaubar ist, wie Sie möglicherweise bisher angenommen hatten.

Ich habe Ihnen einige Tipps für Einsteiger*innen mit auf den Weg gegeben, um Ihnen eine bestimmte Richtung vorzuschlagen, die es zu Beginn der Investitionstätigkeit bestenfalls einzuschlagen gilt. Diese lautet: Klein anfangen, nicht zu viel Geld auf einmal investieren, langsam, aber stetig Gewinne einfahren, ohne die Nerven zu verlieren. Diese Strategie, wie ich sie Ihnen ans Herz gelegt habe, ist eine sehr defensive und sichere Strategie. Es ging mir darum, Ihnen zunächst zu vermitteln, wie Sie das zweifellos vorhandene Risiko an der Börse so klein wie möglich halten.

Natürlich gibt es auch andere, risikoreichere Varianten. Ich habe sie in diesem Buch nicht in aller Ausführlichkeit erläutert, sondern lediglich dann und wann, der Vollständigkeit halber, erwähnt. Das heißt nicht, dass Sie diese Varianten unter keinen Umständen ausprobieren sollten. Wenn Sie genügend Erfahrung gesammelt haben, können Sie sich natürlich auch an andere Formen der Anlage trauen. Sie dürfen, über kurz oder lang, den Weg des kleinstmöglichen Risikos verlassen und dadurch eventuell höhere Gewinne erzielen, müssen dafür aber das Risiko höherer Verluste tragen. Womit wir wieder beim Ausgangspunkt für dieses Buch angekommen wären: Börse kann Risiko und Zockerei bedeuten, muss es aber nicht zwangsläufig.

Wenn Sie den Anfang, auch mithilfe dieses Buches, erfolgreich gemeistert haben, können Sie Ihr Portfolio weiter ausbauen. Sie können zum Beispiel doch einmal Einzelaktien hinzunehmen, anstelle von ETFs. Hierfür ist es ratsam, ein eigenes Depot bei Ihrem Broker zu eröffnen. Es sollte Ihnen bei einer eventuellen Erweiterung möglichst darum gehen, Ihr bereits vorhandenes Portfolio sinnvoll zu ergänzen. Ein aufgeblähtes Portfolio bringt Sie keineswegs weiter. Zu keinem Zeitpunkt würde ich Ihnen raten, den sicheren Hafen völlig zu verlassen und sämtliche sicheren, diversifizierten ETFs über Bord zu werfen. Falls Sie ein Stück weit mehr ins Risiko gehen möchten, nehmen Sie die risikoreicheren Anlagen lediglich als Ergänzung Ihrer bisherigen Anlagen hinzu und ersetzen Sie Ihr bisheriges Portfolio nicht vollends.

Mein Tipp lautet an dieser Stelle: Warten Sie mindestens fünf, besser zehn Jahre ab und schauen Sie sich in der Zwischenzeit an, wie sich Ihr Depot entwickelt. Finden Sie für sich heraus, ob Sie die Geduld und die Ruhe für langfristiges Investieren aufbringen können und ob der Finanzmarkt etwas für Sie ist. Erst, wenn Sie nach diesem Zeitraum für sich zu dem Entschluss kommen, weiterhin investieren zu wollen, können Sie Ihr Portfolio erweitern. Sollten Sie dies tun, wünsche ich Ihnen natürlich ein glückliches Händchen und viel Erfolg bei diesem Unterfangen.

Literaturverzeichnis

- Antonopoulos, A. M. (2017). *Mastering Bitcoin. Programming the Open Blockchain.* Sebastopol: O´Reilly Books.
- ARD.de. (2020). *Total Expense Ratio.* Abgerufen am 08. Juli 2020 von boerse.ARD.de: boerse.ard.de/boersenwissen/boersenlexikon/total-expense-ratio-100.html
- Berwanger, J. (19. Februar 2018). *Gabler Wirtschaftslexikon.* Abgerufen am 03. Mai 2020 von Aktie: https://wirtschaftslexikon.gabler.de/definition/aktie-31763/version-255314
- Bitcoinity.org. (05. August 2013). *Exchanges.* Abgerufen am 21. Juni 2020 von Bitcoinity.org: bitcoinity.org/markets/list?currency=ALL&span=30d
- BlockchainCenter. (2020). *EOS im Überblick.* Abgerufen am 23. Juni 2020 von BlockchainCenter.net: blockchaincenter.net/eos/
- Böcking, H.-J. (15. Februar 2018). *Dividende.* Abgerufen am 08. Juli 2020 von Gabler Wirtschaftslexikon: https://wirtschaftslexikon.gabler.de/definition/dividende-33380/version-256906
- *boerse.de.* (2020). Abgerufen am 04. Mai 2020 von Cost of Carry: boerse.de/boersenlexikon/Cost-of-Carry
- Börner, Y. (10. September 2018). *Was ist Fiatgeld? Einfach erklärt.* Abgerufen am 16. Juni 2020 von Focus Online: praxistipp.focus.de/was-ist-fiatgeld-einfach-erklaert_101338
- Börse, D. (18. August 2017). *Organisation der FWB. Gemischte Struktur aus öffentlichem und privatem Recht.* Abgerufen am 06. Juli 2020 von deutsche-boerse.de: deutsche-boerse-cash-market.com/uber-uns/organisation der fwb

- BrainYoo-Team. (05. März 2014). *Im Alter lernen wir langsamer, aber...* Abgerufen am 02. Juli 2020 von brainyoo.de: brainyoo.de/im-alter-lernen-wir-langsamer-aber/
- Chaum, D. (1983). *Blind Signatures for untraceable Payments.* Santa Barbara, CA: University of California.
- coin.market. (2018). *Crytocurrency Market Capitalizations.* Abgerufen am 16. Juni 2020 von coin.market: coin.market/cryptos
- Csizi, V. (20. November 2016). *Tagesspiegel.de.* Abgerufen am 07. Mai 2020 von Börsen-Boom nach Trumps Wahl: tagesspiegel.de/wirtschaft/aktien-boersen-boom-nach-trumps-wahl/14867948.html
- Cuthbertson, A. (29. August 2019). *Bitcoin: Self-ProclaimedCryptocurrency Creator Craig Wright ordered to pay Billions.* Abgerufen am 16. Juni 2020 von Independent.co: independent.co.uk/life-style/gadgets-and-tech/news/bitcoin-investor-satoshi-nakamoto-craig-wright-court-lawsuit-a9084146.html
- Eisenhofer, A. (30. Oktober 2018). *Gabler Banklexikon.* Abgerufen am 03. Mai 2020 von Daytrading: https://www.gabler-banklexikon.de/definition/day-trading-56874/version-341302
- ETFs-24. (09. August 2020). *4 ETF-Strategien nach Gerd Kommer.* Abgerufen am 21. September 2020 von ETFS-24: etfs24.de/etf-strategie-gerd-kommer/
- ExtraETF. (2020). *Tracking Difference bei ETFs.* Abgerufen am 10. Juli 2020 von ExtraETF.de: de.extraetf.com/wissen/tracking-difference-bei-etfs
- EZB. (15. Mai 2020). *Template on international reserves and foreign currency liquidity.* Abgerufen am 01. Juli 2020 von europa.eu: ecb.europa.eu/stats/balance_of_payments_and_external/international_reserves/templates/html/202003ecb.en.html
- FAZ.net. (2020). *FAZ.net Börsenlexikon. Trendlinie.* Abgerufen am

22. Juni 2020 von FAZ.net: boersenlexikon.faz.net/definition/trendlinie/
- FAZ.net-Börsenlexikon. (2020). *Investmentfonds.* Abgerufen am 29. Juni 2020 von FAZ.net: boersenlexikon.faz.net/definition/investmentfonds/
- Fernmeldeunion, I. (16. Juni 2012). *ITU-T Recommendations.* Abgerufen am 23. Juni 2020 von ITU. Cmooitted to connecting the world: itu.int/ITU-T/recommendations/rec.aspx?rec=y.2060
- *Financial Conduct Authority.* (21. April 2016). Abgerufen am 06. Mai 2020 von About the FCA: https://www.fca.org.uk/about/the-fca
- Finanzen100. (2020). *Thesaurierend oder ausschüttend - welchen ETF soll ich auswählen?* Abgerufen am 08. Juli 2020 von finanzen100.de: finanzen100.de/etf/topics/etf-thesaurierend-ausschüttend/
- Finanzfluss. (04. April 2016). *Cost Average Effekt - einfach erklärt! Mehr Rendite beim Sparen. Finanzlexikon.* Abgerufen am 10. Juli 2020 von YouTube: youtube.com/watch?v=Mbl6wEMHmJA
- Finanzfluss (Regisseur). (2016). *ETF Erklärung: Was sind ETFs? In nur vier Minuten erklärt! Finanzlexikon* [Kinofilm].
- finanztreff.de. (2020). *Anleihen - Basiswissen.* Abgerufen am 12. Juli 2020 von finanztreff.de: finanztreff.de/wissen/anleihen/was-sind-staatsanleihen/5275
- Finment.com. (2020). *Die 5 größten Mythen über die Börse.* Abgerufen am 28. Juni 2020 von Finment.com: finment.com/die-5-groessten-mythen-ueber-die-boerse/
- *Forbes.com.* (11. Juni 2000). Abgerufen am 03. Mai 2020 von Day Trading Eldorado: forbes.com/forbes/2000/0612/6514360a.html#1cf6b26a6601
- *forexbroker24.com.* (2019). Abgerufen am 04. Mai 2020 von Wie finde ich einen seriösen Broker?: forexbroker24.com/binaerer-

optionshandel/wie-finde-ich-einen-serioesen-broker/

- *Forextotal.de*. (2020). Abgerufen am 07. Mai 2020 von Support & Resistance: forextotal.de/forex-tutorial/technische-analyse/support-and-resistance/#
- Geßner, F. (19. Februar 2018). *Gabler Wirtschaftslexikon*. Abgerufen am 03. Mai 2020 von Devisen: https://wirtschaftslexikon.gabler.de/definition/devisen-29714/version-253313
- *GKFX*. (2019). Abgerufen am 06. Mai 2020 von GKFX Your Global Trading Partner: gkfx.de
- Händel, K. (2020). *Nick Szabo - der smarte Kopf hinter den Smart Contracts*. Abgerufen am 16. Juni 2020 von Unternehmenswelt.de: unternehmenswelt.de/crypto-portraet-nick-szabo
- Hauptfleisch, K. (14. August 2017). *So reich wären Sie heute, wenn Sie 2009 in Bitcoin investiert hätten*. Abgerufen am 23. Juni 2020 von Cancom.info: concom.info/2017/08/so-reich-waren-sie-heute-wenn-sie-2009-in-bitcoin-investiert-haetten/
- Heldt, C. (19. Februar 2018). *Gabler Wirtschaftslexikon*. Abgerufen am 03. Mai 2020 von Broker: https://wirtschaftslexikon.gabler.de/definition/broker-27861/version-251503
- Heldt, C. (19. Februar 2018). *Gabler Wirtschaftslexikon*. Abgerufen am 06. Mai 2020 von Depot: https://wirtschaftslexikon.gabler.de/definition/depot-31222/version-254784
- Heldt, C. (19. Februar 2018). *Gabler Wirtschaftslexikon*. Abgerufen am 03. Mai 2020 von Derivate: https://wirtschaftslexikon.gabler.de/definition/derivate-31239/version-254801
- Heldt, C. (19. Februar 2018). *Gabler Wirtschaftslexikon*. Abgerufen am 06. Mai 2020 von Stop Loss Order:

https://wirtschaftslexikon.gabler.de/definition/stop-loss-order-44997/version-26897

- Hull, J. (2011). *Risikomanagement: Banken, Versicherungen und andere Finanzinstitutionen.* München: Pearson Education.
- IG.com. (2020). *Hebel (Definition).* Abgerufen am 17. Juni 2020 von IG.com: ig.com/de/trading-glossar/hebel-definition
- INFLA-Berlin. (29. Januar 2013). *Belege der Inflationszeit.* Abgerufen am 23. Juni 2020 von INFLA Berlin: infla-berlin.de/14_inflationsbelege/inflationsbelege.php
- Kannenberg, A. (26. März 2014). *US-Steuerbehörde: Bitcoins sind keine Währung.* Abgerufen am 16. Juni 2020 von heise online: heise.de/newsticker/meldung/US-Steuerbehoerde-Bitcoins-sind-keine-Waehrung-2155331.html
- Kaufman, P. (2003). *A Short Course in Technical Trading.* Hoboken, New Jersey: John Wiley & Sons.
- Kerkmann, J. (2020). *EZB plant die Einführung einer digitalen Währung.* Abgerufen am 16. Juni 2020 von Coin Ratgeber. Werden Sie Kryptoexperte: coin-ratgeber.de/ezb-plant-die-einfuehrung-einer-digitalen-waehrung/
- Krol, B. (15. August 2018). *Zinsen.* Abgerufen am 01. Juli 2020 von planet-wissen.de: planet-wissen.de/gesellschaft/wirtschaft/geld/pwiederpreisdesgeldes100.html
- Lange, K. (31. Oktober 2015). *Aktienkurse gehorchen dem Zufall.* Abgerufen am 08. Juli 2020 von manager magazin: manager-magazin.de/finanzen/artikel/borse-und-psychologie-aktienkurse-gehorchen-dem-zufall-a-634006.html
- Mallien, J., & Wiebe, F. (24. Januar 2019). *Handelsblatt.com.* Abgerufen am 07. Mai 2020 von EZB bereitet die Märkte auf eine Verschiebung der Zinswende vor: handelsblatt.com/finanzen/geldpolitik/ratssitzung-ezb-bereitet-

die-maerkte-auf-eine-verschiebung-der-zinswende-vor/23904300.html?ticket=ST-6248045-YtV3zcTQDI

- Michler, A. F. (19. Februar 2018). *Zinsen.* Abgerufen am 29. Juni 2020 von Gabler Wirtschaftslexikon: https://wirtschaftslexikon.gabler.de/definition/zinsen-47990/version-271249
- Monero. (2020). *About Monero.* Abgerufen am 17. Juni 2020 von getomonero.org: web.getmonero.org/resources/about/
- Nakamoto, S. (2008). *Bitcoin: A Peer-to-Peer Electronic Cash System.* Ignota Books.
- Nickel, V. (08. Juni 2020). *Was Anleger über die Zeiten der Nullzinspolitik wissen sollten.* Abgerufen am 28. Juni 2020 von bergfuerst.de: de.bergfuerst.com/ratgeber/nullzinspolitik
- Nigischer, C. (04. November 2019). *Deutsche bevorzugen Bitcoin gegenüber Aktien.* Abgerufen am 22. Juni 2020 von Der Bank Blog: der-bank-blog.de/geldanlage-bitcoin-aktien/trends/37658101/
- OECD. (12. September 2018). *OECD Pensions at a Glance.* Abgerufen am 01. Juli 2020 von OECD iLibrary: oecd-ilibrary.org/social-issues-migration-health/pensions-at-a-glance-2017-en
- Paganini, P. (03. Juli 2017). *Severe flaws in German e-Government OSCI 1.2 Communication Library.* Abgerufen am 22. Juni 2020 von securityaffairs.co: securityaffairs.co/wordpress/60645/hacking/osci-communication-library-flaws.html
- Palzer, K. (25. Juni 2020). *40 Jahre Arbeit, keine 1000 Euro Rente.* Abgerufen am 28. Juni 2020 von tagesschau.de: tagesschau.de/inland/rente-295.html
- Penndorf, R. (2020). *Risiken bei Kryptowährungen.* Abgerufen am 23. Juni 2020 von Curentis: curentis.com/wp-content/uploads/2019/10/Hackerangriffe-auf-

Cryptowährungen_v04.pdf

- Peukert, H. (19. Februar 2018). *Transaktion.* Abgerufen am 29. Juni 2020 von Gabler Wirtschaftslexikon: https://wirtschaftslexikon.gabler.de/definition/transaktion-47344/version-270610
- Pfitzer, N. (19. Februar 2018). *Kapital.* Abgerufen am 29. Juni 2020 von Gabler Wirtschaftslexikon: https://wirtschaftslexikon.gabler.de/definition/kapital-38061/version-261487
- Rentenversicherung, D. (2019). *Die Geschichte der Deutschen Rentenversicherung.* Abgerufen am 01. Juli 2020 von deutsche-rentenversicherung.de: deutsche-rentenversicherung.de/DRV/DE/Ueber-uns-und-Presse/Historie/historie_detailseite.html
- Rentenversicherung, D. (01. Juli 2020). *Werte der Rentenversicherung.* Abgerufen am 01. Juli 2020 von deutsche-rentenversicherung.de: deutsche-rentenversicherung.de/DRV/DE/Experten/Zahlen-und-Fakten/Werte-der-Rentenversicherung/werte-der-rentenversicherung
- Riedl, D. (28. Mai 2020). *Geldanlage für Kinder mit ETFs.* Abgerufen am 11. Juli 2020 von justETF.com: justetf.com/de/news/etf-sparplan/geldanlage-und-sparen-fuer-kinder.html
- Ripple.com. (2020). *Instantly Move Money to all Corners of the World.* Abgerufen am 23. Juni 2020 von Ripple.com: ripple.com
- Rouse, M. (2016). *Node (Netzwerkknoten).* Abgerufen am 18. Juni 2020 von ComputerWeekly.de: computerweekly.com/de/definition/Node-Netzwerkknoten
- Scheu, R. (23. Mai 2018). *Riskiere deine Haut oder schweig.* Abgerufen am 13. Juli 2020 von Neue Zürcher Zeitung: nzz.ch/feuilleton/riskiere-deine-haut-oder-schweig-Id.1387508

- Schiller, K. (26. Dezember 2019). *Was ist eine DApp (dezentralisierte App?)*. Abgerufen am 21. Juni 2020 von Blockchainwelt: blockchainwelt.de/dapp-dezentralisierte-app-dapps/
- Smith, R. (03. Juli 2018). *What is delegated Proof of Stake? Exploring the Consensus Algorithm*. Abgerufen am 22. Juni 2020 von Coin Central: coincentral.com/what-is-delegated-proof-of-stake-exploring-the-consensus-algorithm
- Spiegel-Online. (12. Januar 2018). *Darauf haben sich die GroKo-Sondierer verständigt*. Abgerufen am 01. Juli 2020 von Speigel Online: spiegel.de/politik/deutschland/cdu-csu-spd-darauf-haben-sich-die-groko-sondierer-verstaendigt-a-1187445.html
- Treibel, C., & Schikora, C. (2015). *Scheitern bei Unternehmensgründungen*. Wiesbaden: Springer.
- Verbraucherzentrale. (06. November 2018). *Welche Nachteile haben ETFs?* Abgerufen am 08. Juli 2020 von verbraucherzentrale.de: verbraucherzentrale.de/wissen/geld-versicherungen/sparen-und-anlegen/welche-nachteile-haben-etfs-16604
- Vogelsang, L. (16. April 2016). *Die Renten der Deutschen waren nie so unsicher*. Abgerufen am 28. Juni 2020 von welt.de: welt.de/finanzen/article154256401/Die-Renten-der-Deutschen-waren-noch-nie-so-unsicher.html
- *Wayback Machine*. (11. November 2010). Abgerufen am 06. Mai 2020 von Europäische Kommission. Der EU Binnenmarkt: web.archives.org/web/20110317052506/http://ec.europa.eu/internal_market/investment/alternative_investments_de.htm
- Weerth, C. (2019. Februar 2018). *Gabler Wirtschaftslexikon*. Abgerufen am 03. Mai 2020 von Devisenmarkt: https://wirtschaftslexikon.gabler.de/definition/devisenmarkt-30546/version-254124

- ZEIT.de. (26. Juni 2020). *Wie sicher ist unsere Altersvorsorge?* Abgerufen am 28. Juni 2020 von ZEIT.de: zeit.de/thema/rente

Wir danken Ihnen für Ihr Interesse und Ihr Vertrauen. Als Dankeschön dafür, haben wir eine besondere Überraschung. Sie interessieren sich für Investments? Dann haben wir etwas für Sie. Finden Sie heraus, warum sie so wichtig sind und was es zu beachten gibt. Das Beste: Sie erhalten diese vollkommen kostenlos. Das klingt wunderbar? Dann warten Sie nicht lange und holen Sie sich Ihr Gratis-Geschenk.

Hier geht es zu Ihrem Gratis-Geschenk:

https://forms.gle/aESYBcbhNREYXRu19

1. **Öffnen Sie die Kamera-App auf Ihrem Smartphone und richten Sie die Kamera auf den QR-Code.**
2. **Klicken Sie auf den Link, der Ihnen angezeigt wird und schon werden Sie zur Website weitergeleitet.**

Impressum

Verlag: Orbita Media Verlag GmbH & Co. KG / Ericusspitze 4 / 20457 Hamburg / Deutschland
Website: https://orbita-media.de
Cover Image: Shutterstock
ISBN: 9783989357280

Haftungsausschluss:
Die Nutzung dieses Buches und die Umsetzung der enthaltenen Informationen, Anleitungen und Strategien erfolgt auf eigenes Risiko. Der Autor kann für etwaige Schäden jeglicher Art aus keinem Rechtsgrund eine Haftung übernehmen. Haftungsansprüche gegen den Autor für Schäden materieller oder ideeller Art, die durch die Nutzung oder Nichtnutzung der Informationen bzw. durch die Nutzung fehlerhafter und/oder unvollständiger Informationen verursacht wurden, sind grundsätzlich ausgeschlossen. Rechts- und Schadenersatzansprüche sind daher ausgeschlossen. Dieses Werk wurde sorgfältig erarbeitet und niedergeschrieben. Der Autor übernimmt jedoch keinerlei Gewähr für die Aktualität, Vollständigkeit und Qualität der Informationen. Druckfehler und Falschinformationen können nicht vollständig ausgeschlossen werden. Es kann keine juristische Verantwortung sowie Haftung in irgendeiner Form für fehlerhafte Angaben vom Autor übernommen werden.

Die bereitgestellten Analysen, Vorschläge, Ideen, Meinungen, Kommentare und Texte sind ausschließlich zur Information bestimmt und können ein individuelles Beratungsgespräch nicht ersetzen. Alle Informationen dieses Buches entsprechen dem Kenntnisstand zum Zeitpunkt des Verfassens dieses Buches. Eine Haftung für mittelbare und unmittelbare Folgen aus den Informationen dieses Buches ist somit ausgeschlossen. Informieren Sie sich weitläufig aus unterschiedlichen Quellen und bedenken Sie, dass am Ende nur Sie für die Entscheidungen verantwortlich sind.

Haftung für externe Links
Unser Angebot enthält Links zu externen Websites Dritter, auf deren Inhalte wir keinen Einfluss haben. Deshalb können wir für diese fremden Inhalte auch keine Gewähr übernehmen. Für die Inhalte der verlinkten Seiten ist stets der jeweilige Anbieter oder Betreiber der Seiten verantwortlich. Die verlinkten Seiten wurden zum Zeitpunkt der Verlinkung auf mögliche Rechtsverstöße überprüft. Rechtswidrige Inhalte waren zum Zeitpunkt der Verlinkung nicht erkennbar.

www.ingramcontent.com/pod-product-compliance
Lightning Source LLC
La Vergne TN
LVHW010828051026
849532LV00007B/2645
* 9 7 8 3 9 8 9 3 5 7 2 8 0 *